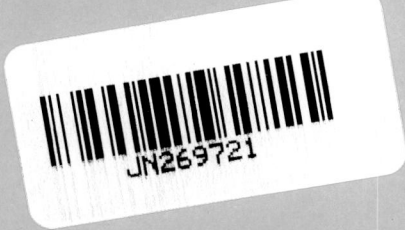

「伝わる」「通る」

ビジネス資料作成術

事例と図解で目的に応じた「使える」資料のつくり方

渡辺克之

KATSUYUKI WATANABE

ぱる出版

■本書掲載の資料事例について

(1) 事例データのダウンロード

本書で紹介した資料事例および巻末の「特選オリジナルフォーマット」は、ぱる出版のホームページからダウンロードできます。同サイトで本書名（「伝わる」「通る」ビジネス資料作成術）を探して、手順に沿って操作を行ってください。

http://www.pal-pub.jp/

ダウンロードしたデータは「パワーポイント」のファイルです。「PowerPoint2007以降」の「.pptx」ファイルと、「PowerPoint2003以前」の「.ppt」ファイルの2種類を用意しています。ご自身の都合のよいファイルをご使用ください。なお、ダウンロードしたデータは、個人の責任の範囲内で利用してください。

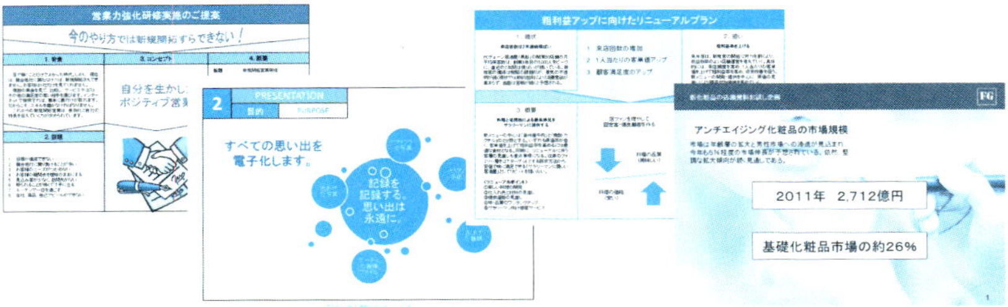

(2) 資料事例に関すること

◎本書で紹介した資料事例は、資料作成がスムーズに行えるように例題として作成・紹介したものです。記載されている内容は架空であり、特定の人物や企業、団体や商品を想起させるものではありません。

◎本書の資料事例で使用したイラストと一部を除く写真は、Microsoft Officeの「クリップアート」で検索してスライドに挿入したものです。

◎本書の事例はWindows7とPowerPoint2010をインストールした環境で作成しています。他のバージョンで作る場合は、色やサイズ、形状などが異なる場合があります。適宜ご理解の上でご使用ください。

◎本書の内容と操作によって生じた損害につきましては、著者と株式会社ぱる出版は一切の責任を負いませんのであらかじめご了承ください。

はじめに

シンプルな情報でわかる資料にするために

私たちが仕事を進める上で“資料”は欠かせません。
フォーマルなプレゼンから数人で意見を出し合うブリーフミーティングに至るまで、アイデアや意見、実務情報を記した資料がなければ、単なる仕事上の会話で終わってしまいます。
ビジネスにおける資料とは、意見の披露や交換の仲介者であり、仕事の質を高める大切なツールです。

本書が考える資料は、主に企画書や提案書のようなプレゼン資料です。これらの資料は、相手に伝え、納得してもらい、意図通りに行動してもらうことを目的にします。
相手を説得しようと意気込むと、どうしても多くの情報を盛り込もうとしてしまいがちです。
「多い」という絶対量に、作り手の安心感が比例するからです。

でも、資料の作り手の思いに反して、文章が少ないことは、概して相手に好感を持たれます。
制約が多いビジネスの場において、10行の文章よりも端的なキーワードが好まれるのは、今さら言うまでもないでしょう。
自分をその立場に置けば、より明らかです。資料作りでは、入れる安心より捨てる勇気のほうが大切なのです。

そのためには、残すものと削るものをじっくりと検証しながら紙面作りに励まなくてはなりません。

情報を選りすぐり脂肪を削ぎ落とした先にできあがるのが、「シンプル」な資料です。

伝わる資料、わかる資料は、総じてシンプルなつくりになっているものです。

さて本書には、たくさんの事例を掲載しました。

文章で説明するより「パワーポイント」で作った事例を見ていただいたほうが、本書の主旨が伝わると思ったからです。

「資料はシンプルに作りなさい」と言いながら、本書の説明そのものがくどいようでは、言行不一致のおしかりを受けてしまいます。

また、解説を補完する図解や事例を見開き右ページに配することで、スムーズにご理解いただけるようにしました。

ここで紹介した事例は、ぱる出版のホームページからダウンロードできますので、ぜひ実操作でご利用ください。

本書が皆さまの資料作りのヒントとなり、日々のビジネスがスムーズに行われることを心より願っております。

本書をお手に取っていただき、誠にありがとうございます。

2013年３月　著者

「伝わる」「通る」ビジネス資料作成術 ◎もくじ

第3章
わかりやすく見せる定番テクニック
～基本を押さえて、誰もが理解できる仕上がりに～

第４章

ひと目で語らせる図解の作り方

～内容が一望できる図解で、文章ダラダラを一掃する～

第５章

パッと見で引き付けるレイアウトのコツ

～紙面が魅力的に見え出したらしめたもの～

第6章
目的を達成するあとひと押しのテクニック
～少しの心遣いで企画が「GO！」しやすくなる～

参考図書
『絶対！伝わる図解』池田千恵　朝日新聞出版
『図解 話さず決める！プレゼン』天野暢子　ダイヤモンド社
『プレゼンがうまい人の「図解思考」の技術』永田豊志　中経出版
『プレゼンに勝つ図解の技術』飯田英明　日本経済新聞出版社
『企画書は見た目で勝負』道添 進　美術出版社
『「上手な説明」の基本とコツ』鶴野充茂　学研パブリッシング
『プレゼンテーションzenデザイン』ガー・レイノルズ　ピアソン桐原
『「図で考える」ことができる人、できない人』久恒啓一　PHP研究所

図版▶中鉢洋由希
イラスト▶後藤グミ
装幀デザイン▶萩原弦一郎（デジカル）

第 1 章

資料作りを始める前の大切なダンドリ

〜最初に頭の中を整理しておけば、組み立てがラクになる〜

1- 1

【プレゼン資料】シンプルかつ印象的に

伝える情報を絞り込む

仕事の上で「資料」とひと口に言っても、様々なものがあります。顧客に商品を説明するときのカタログ、プログラムを開発するときの言語マニュアル、漫画を描くときに参考にする風景写真など。それぞれの人が、それぞれの立場で「あることをする上でもととなる材料」（三省堂『大辞林』）として資料を使います。

一般に、営業資料や販促資料、報告書は、それだけを読んで理解してもらう資料です。したがって作り手は（状況が許す限り）伝えたいことのすべてを書くことが多くなります。

一方、プレゼンテーションで使う「プレゼン資料」の場合はどうでしょう。プレゼン資料は、必ずしも伝えたいことのすべてを書く必要はありません。なぜなら主旨を伝え、納得してもらい、こちらが期待する行動を取ってもらうのが目的だからです（16ページを参照）。したがって、読み手が理解しやすいように作るのが大原則になります。

プレゼン資料には、プレゼンターという「話し手」がいます。話し手を介して資料を見せるわけですから、資料から細かな部分が伝わらなくてもかまいません。話し手が内容を付け加えて、読み手の理解が進むようなパフォーマンスを行えばいいのです。主役はプレゼンターであり、資料はあくまでも脇役です。

資料の作り手は「多くの情報を伝えたい」「あれもこれも言いたい」。

資料の読み手は「サッと読み終えたい」「パッと内容をつかみたい」。

双方の希望を叶えるには、伝える情報を絞り込むしかありません。プレゼン資料は、情報の取捨選択、内容の吟味を重ね、絞り込んだ情報でシンプルに仕上げることで、伝わりやすくなります。情報が少なければ記憶しやすくなり、さらにブラッシュアップされていれば、強く印象に残ることになるのです。

説明資料とプレゼン資料は違う

説明資料

それだけを読んで主旨や内容を理解してもらうための資料

資料が主役

読み手に理解して欲しい情報を（状況が許す限り）多くの細かな情報を盛り込む。

プレゼン資料

企画の内容を伝え、読み手が納得して、期待する行動を促すための資料

資料は脇役

伝える内容を絞り込み、余分をそぎ落としたシンプルな情報だけを入れる。

1-1

【プレゼン資料】「シンプル」かつ「印象的に」

プレゼン資料は「見て」わかる

典型的なプレゼンは、「パワーポイント」で作ったスライドをスクリーンに投影して進めます。プレゼン資料を作るときは、少ない文章で、できるだけ図解した資料を作るべきです。

そのほうが聴衆にとって見やすく、プレゼンターの話を頭に残しながら理解できるからです。

また、フランクな関係のお客様に提出する、企画書のようなプレゼン資料の場合はどうでしょう。担当者にプレゼンした後で、その上司や関係者に渡るときには、紙面に“プレゼン”してもらわないといけません。そのためには紙面から多くの情報が読み取れる必要がありますが、説明資料になってしまっては興ざめです。やはり、図解やビジュアル化で紙面を工夫する必要が出てきます。

細かな解説を狙う説明資料は、「読んで」理解する。

読み手を動かしたいプレゼン資料は、「見て」わかる。

２つの資料の作り方の違いは、これに尽きます。見てわかるとは、余分な情報がないこと。シンプルな見た目なのに、多くの情報が読み取れる。つまり、文章を構造化したり、図解やビジュアル化で紙面が構成されていることが理想です。ぎゅうぎゅうに詰まったページを見せて読み手の気持ちを削いではいけません。資料を見た途端に「おやっ」と思わせ、紙面に引き込む魅力が欲しいものです。

説明資料のエッセンス部分をきれいに抜き出し、プレゼン資料にも使える資料に仕上げられれば、効率さと便利さを兼ね備えた理想の資料と言えるかも知れません。しかし、スライド用と配布用のどっちつかずになる「スライデュメント」（スライドとドキュメントを合わせた造語）になるのが目に見えています。人は読むことと聴くことを同時にできません。何の目的で、何について書かれているかを明確にすることが第一です。それが伝わる資料にする近道でもあります。

こんな資料はあり得ない！

文字がびっしり書かれてあるニュース番組の資料

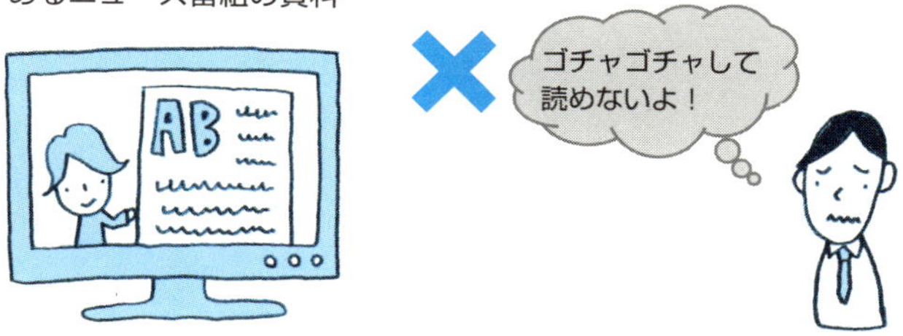
AB
ゴチャゴチャして読めないよ！

丁寧な文章だけで書かれた道順

niku
当店への道順
○○駅を降り、□□交差点を左に折れ、右側の歩道を30m 行き、コンビニを右に曲がり、△△を右手に見て手前の小道を入ったら…
地図にしてくれればいいのに…

写真だらけの製品説明マニュアル

どの箇所を言ってるの？
説明箇所をイラストにすれば分かるのに…

ビジネスで使う資料は、読み手が必要な情報が一見してわかるようにしなければならない。

【目的】なぜ、この資料を作るのか

1-2 「結果」につながる説明の仕方

「上手く説明したつもりなのに、何でわかってくれないんだろう」

こんな思いは誰にでもあるはずです。資料はコンパクトにまとめた。スピーチは流暢に進んだ。聴衆も耳を傾けてくれた。それなのに「販売実績につながらない」「会員が増えない」など、結果が出ない。ビジネスでは結果が大切ですから、これではプレゼンが成功したとは言えません。これは、

①そもそも説明した内容が伝わっていない

②伝わっていても、相手が行動を起こすような伝わり方をしていない

のいずれかが原因です。物事を説明する場合は、説明して「伝える」、その内容が「伝わる」、その結果、相手が「動いてくれる」という3つのプロセスを意識する必要があります。

まず**「伝える」**。相手に情報を話すことであり、相手が聞こうとしているか否かは関係ありません。説明しただけで満足していれば、この「伝える」止まりです。

次に**「伝わる」**。話した情報を相手が理解することです。その後、相手は情報を元に何らかの判断を下します。自分の考えを正確に伝えるだけで満足したり、相手が判断を下せるだけの内容がなければ、「伝わった」で終わります。

そして**「動いてくれる」**。相手が自分の判断で行動を起こしてくれることです。「提案したアイデアを採用してくれる」など、話し手の意図が実現した状態です。

ビジネスでは、相手が行動して初めて結果が出ます。内容を「伝える」ときは、相手が動こうとするだけのメッセージを入れて「伝わる」ことで、相手が「動いてくれる」ようになります。

決して、「共感してもらうこと」がプレゼンの目的ではありません。

説明することが目的ではない

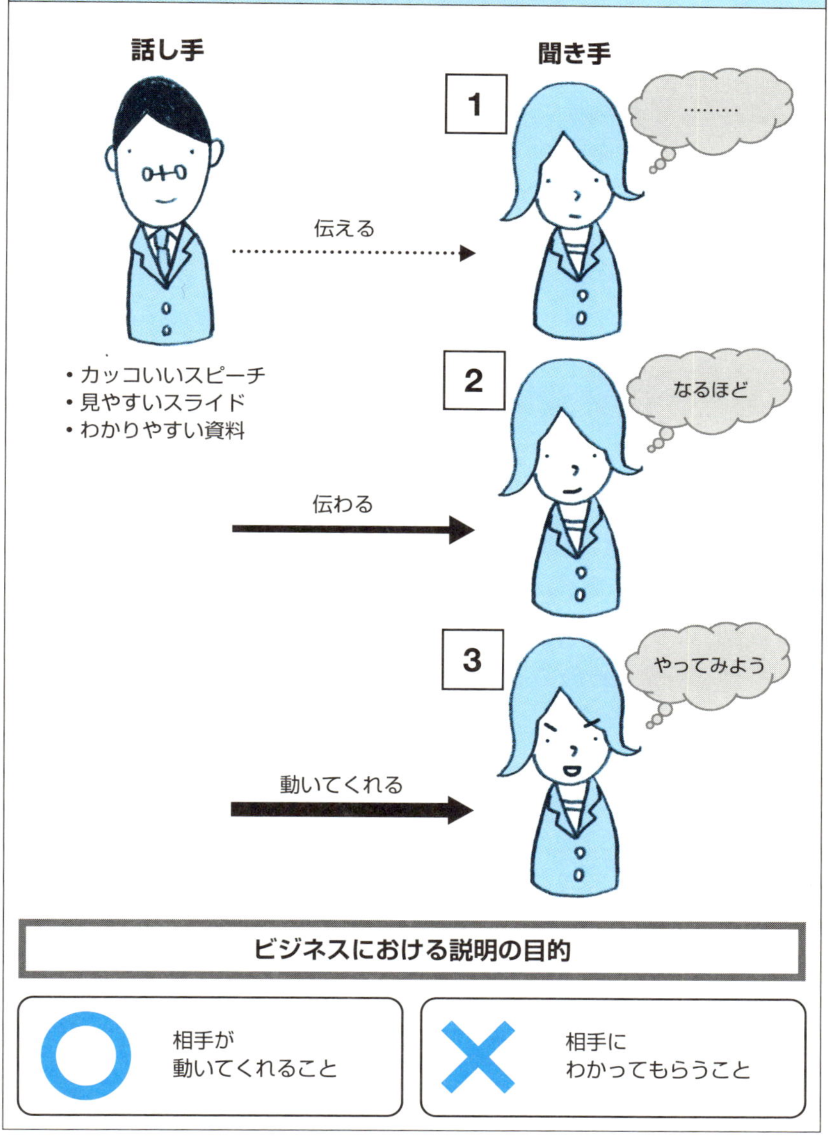

1-2

【目的】なぜ、この資料を作るのか

相手を動かす資料を作る

説明は、相手が動いてくれるために行うもの。つまり、プレゼンの目的も「相手を動かす」ことにあります。相手にどのようになってもらいたいか、その姿こそプレゼンの目的です。

資料作りで目的を定めるときは、「注文する」「購入する」「決裁する」のように、**相手に期待する行動を具体的な言葉で書き表す**ようにします。目的が言葉として明確になっていると、アイデアを熟考するときにその方向性が定まり、軌道修正も行いやすいからです。

また、試行錯誤を繰り返すうちに「どうしてこの資料を作っているのか」と疑問が出てくることがあります。そんなときでも目的が明確になっていれば、考え方をリセットしたり、内容を客観的に評価できるようになります。

さて、目的という「ゴール」が決まったら、読み手をそのゴールへ導くストーリーを作ります。ストーリーは作り手に依存する割合が大きくなりますが、基本は**現状と理想を述べ、そのギャップを解消する提案をすること**です。このストーリーを興味深く読んでもらうには、相手の行動を促すためのメッセージが入っていなければなりません。

何が問題で、何が必要か、「どうしたらよいか」という読み手が必要な情報と、「こうなる」という読み手が評価できる情報を入れれば、確実に興味を持ってくれます。さらに、「発注ミスが２割減る」「競合他社に先駆けて」といった言葉の演出も、相手を動かす要素になります。

結果が出ないプレゼンの原因は、結局、目的が設定されていないからです。カッコいい資料を作ることにパワーを費やし、アイデアを自慢げに披露するだけでは、目的というゴールにたどり着きません。ぜひ、具体的に目的を紙に書き出し、それに向けた丁寧なストーリーを作ってください。

プレゼン資料は、明確な結果を出すための道具なのですから。

相手を動かすことが目的であり、ゴール！

相手にどうなってもらいたいか？

目的 ＝ 相手に ○○○○○○○ **してもらうこと**

○○○を伝える → **伝わる** → **相手が動いてくれる**

（内容例）	（対象者例）	（結果例）
業務改善を提案する	上司	業務改善を実施する
新規事業のアイデアを出す	顧客	新規事業を立ち上げる
新商品を企画する	上司	新商品を販売する
広告計画を提案する	顧客	広告を出稿する
アンケート実施を提案する	受講者	アンケートに回答する
新商品の販促を提案する	消費者	商品を購入する
新製品を発表する	マスコミ	記事になる
社員教育の実施を提案する	社長	教育予算を承認する
システム導入を提案する	お客様	システムを導入する
カード会員を募集する	消費者	会員登録する
転職の自己推薦をする	人事担当者	社員として採用される
作品を応募する	主催者	作品が入選する
目的を書き出し	ストーリーを作り	ゴールへ導く

1-3

【対象者】読む人の立ち位置を意識して作る

誰に伝えるのかをはっきりさせる

資料を作る目的を明確にしたら、次に「誰に伝えるのか」をはっきりさせましょう。**説明やプレゼンの相手がわからなければ、内容を説明するための戦略が立てられません。**

顧客への企画提案であれば、営業担当者やその上司が対象者として考えられますが、経験や知識の有無、性格や嗜好など、その人に関する情報をできる限り調べておくべきです。

専門知識を持たない読み手が「噛み砕いて書いてあるな」と思えば、アイデアを評価したくなります。「おっ、好きな色だ」と思えば、ページをめくる手にも自然とリズムが出てくることでしょう。

一方、会場を使った参加者向けのプレゼンであれば、いろいろな人が来場します。その際にも、主催者側などから参加者の属性や傾向を入手しておけば、横断的な業界事例を紹介したり、参加者自身が投影できるネタで興味を引き出すことが可能です。

また、**説明した資料の内容は、段階的に伝わっていく**ことを理解しておくべきです。

通常、現実的な資料の伝わり方としては、
「現場担当者」→「上司」→「社長」
などの順になるのが一般的です。

社長に直接「これからご説明する企画は……」などと説明できる機会は、めったにあるものではありません。

また、話し手が説明した内容を、現場担当者が完全再現して、上司や社長に説明できるわけがありません。うまく伝わらない場合が当たり前であり、資料だけが渡る可能性だってあります。

資料を作る人、プレゼンを行う人が現場担当者の力量を見定めて、上司や社長へ伝わる最適なメッセージを考えなくてはなりません。

資料を読む対象者を分析する

最初に資料を
読む人は誰？

キーパーソンは誰？

最終的に
決める人は誰？

（決裁者）

↓

現場担当者	上司	社長	来場者	など

↓

相手を知らないと、説明の戦略が立てられない！

そこで……

- 対象者（聞き手）を知る
- 決裁者を知る
- 評価基準を知る

↓

何を期待して
いるのか？

資料に最適なメッセージを入れる

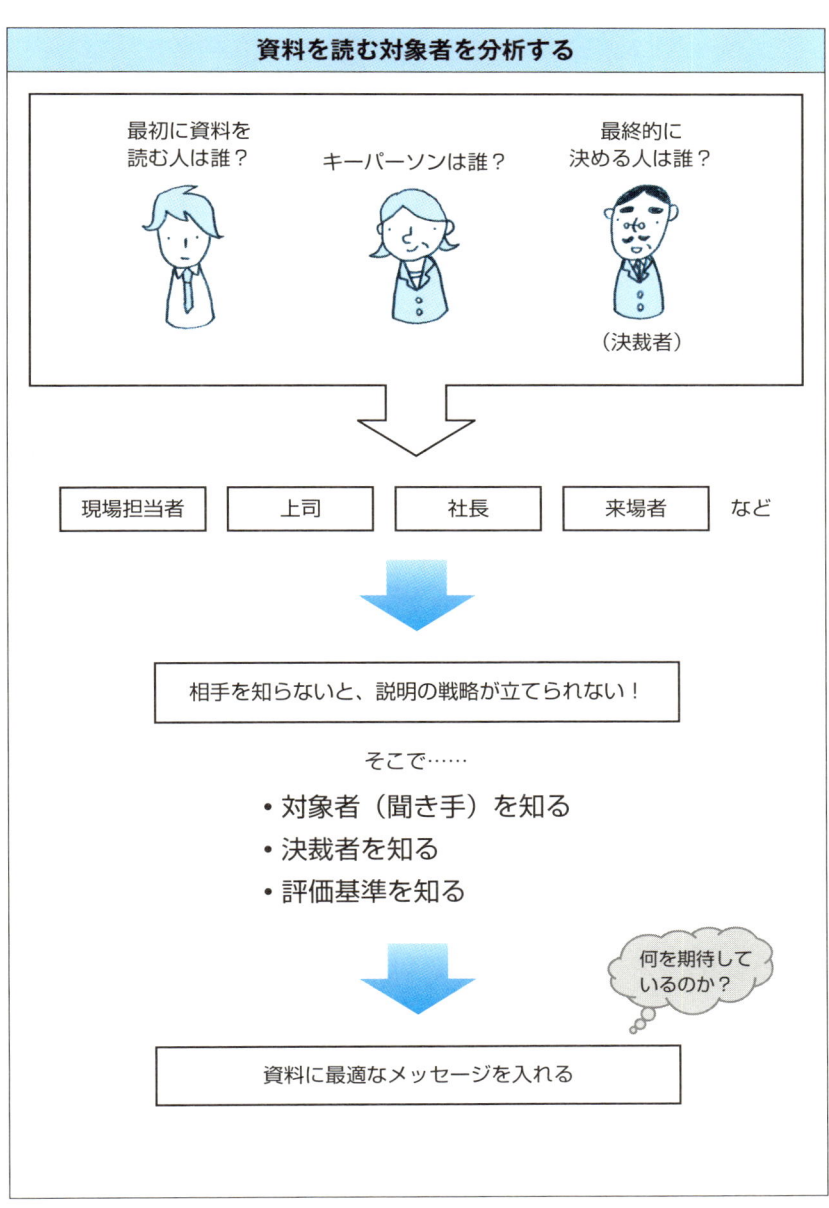

1-3 【対象者】読む人の立ち位置を意識して作る

対象者の評価基準を知っておく

さて、「誰に伝えるのか」をはっきりさせると同時に、「対象者の評価基準」を知っておくことも重要です。

相手の評価基準がわかれば、それを意識して資料を作ることで提案は通りやすくなります。これは、自分に当てはめて考えるとよくわかります。

例えば、あなたがスマホを買うときには、「この機能で」「このデザインで」「５万円以下」などの条件を決めます。

対応する店員はその条件に合った機種を勧め、あなたは納得と葛藤の中でいずれかの製品を選ぶはずです。

プレゼンの評価だって同じこと。

プランの市場性を知りたい人は、主に将来的な事業の予測を中心にチェックするでしょう。投資コストや費用対効果、実行手順や体制といった部分を知りたい人は、具体的かどうか、実現の可能性はどれくらいかを精査することでしょう。

「評価基準なんてわからないよ」

そんなことを言う人は、真剣に相手と接していない証拠です。プレゼンとは相手の課題を解決することですから、その意識が強ければ、**相手の言動や行動から「どのような課題を抱えているか」のヒントは、得られるものです。**

対象者の評価基準がわかれば、プレゼンの提案が通りやすくなります。逆に、さほど重要でないことや的外れなことを述べていては、通る可能性は一気に下がります。プレゼンを成功させるためには、相手が設定する評価基準を把握しておくことが大事です。

資料作成ベーシックシート

～あなたが作る資料の目的と対象者を明確にする～

資料の読み手は誰ですか？　一言で

1　○○○○○○○○○○○

決裁者は誰ですか？　一言で

2　○○○○○○○○○○○

目的は何ですか？　一言で

3　○○○○○○○○○してもらいたい

そのために
相手の心を揺さぶる資料を作る！

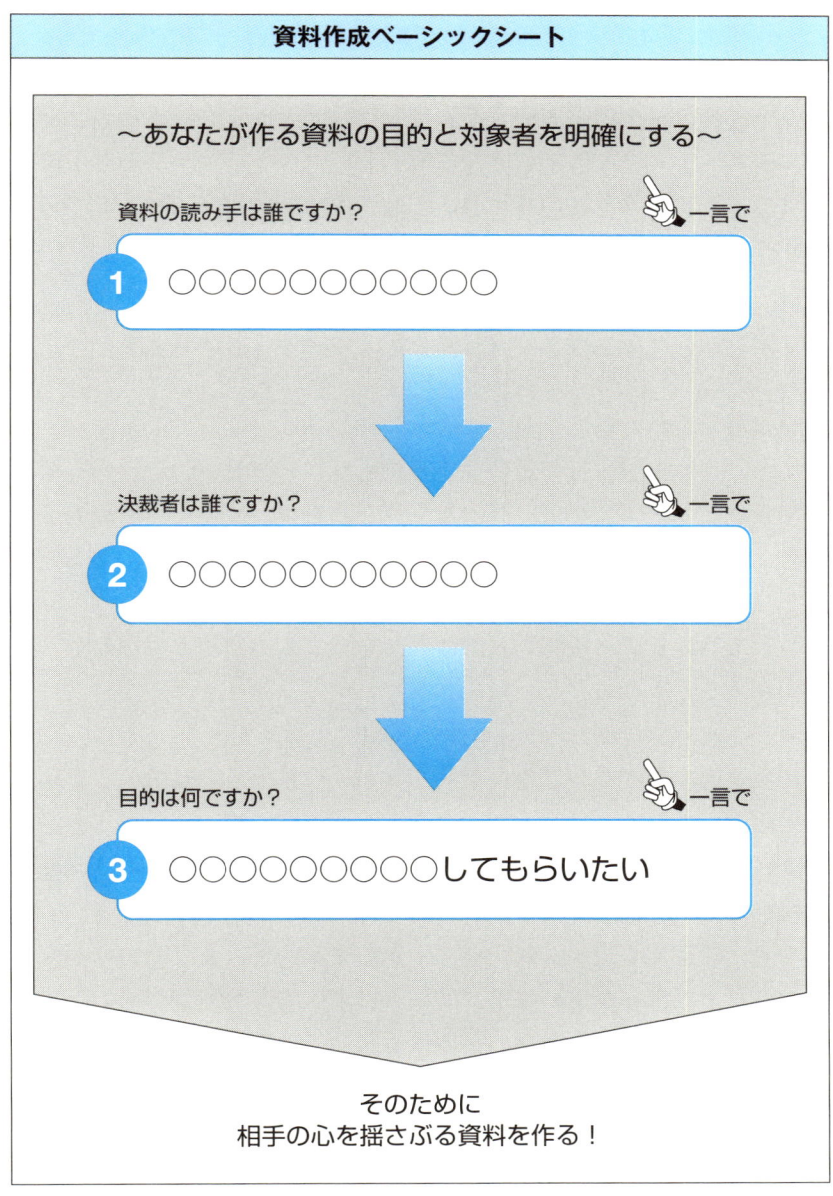

1-3 決裁者にGOと言わせるように作る

一般に、採用の決断をする人を「**決裁者**」と呼びます。さほど大きくない案件は現場担当者が、それ以上は経営者クラスが決裁者となる場合が多いようです。決裁者は組織においてのキーマンであり、忙しい人がほとんど。資料作りにおいては、**決裁者がスピーディーに判断を下せるように、簡潔に読める（見られる）ようにしておく工夫が必要です。**

わずかな時間で簡潔に自分のアイデアを売り込む「エレベーター・ピッチ」のような説明も一考に値します。数ページに渡る資料なら、要約（サマリー）を１枚差し込んでおくのもいいでしょう（162ページを参照）。

また、１枚企画書も効果的です（132ページを参照）。提案内容を図解で表現し、１枚の紙面に収める１枚企画書は、読み手の視線の中ですべてが完結します。決裁者が短時間で全体を把握できる、まさにシンプルの極みと言えます。

ビジネスにおける説明の目的は、わかってもらうことではなく、相手が行動してくれること。対象者が動きたくなるメリットや動機付けこそが、決裁者が採用のGOを出す要因になります。

新規事業の提案なのに損益予測がない。機材導入の提案なのに購入費用が記述されていない。こんな提案の採用は、まずあり得ません。**プレゼンしても反応が薄いのは、対象者が返事できるだけの材料、決裁者が判断を下せるだけの情報を提供していないことが原因です。**

本来、提案する相手が変われば、記述する内容も変えたいのが人情。さすがにそれは非効率ですし、読み手によって内容理解が変わっても困ります。基本は、決裁者の人間性や組織内の事情といった立ち位置を考え合わせて資料を作ることに尽きます。忙しくせっかちな決裁者には、まず興味を持ってもらう内容と紙面の工夫が欠かせません。

忙しい決裁者を意識して作る

要約ページ

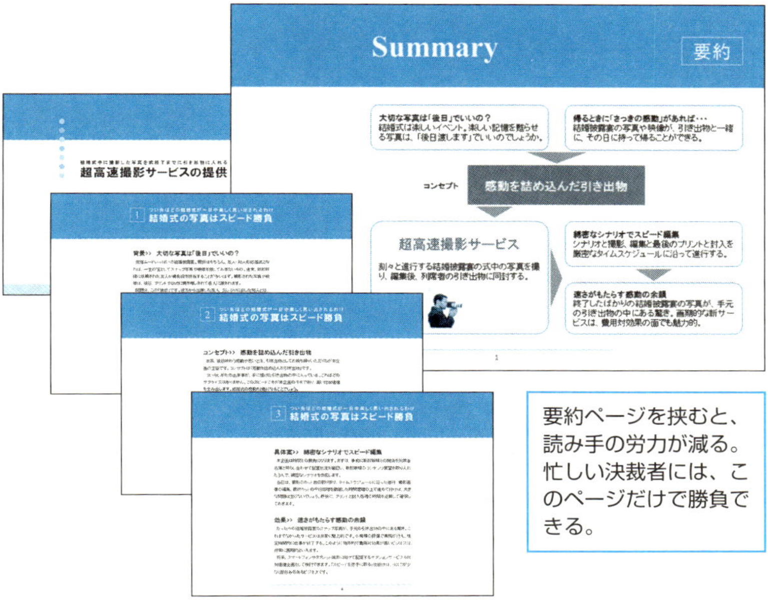

要約ページを挟むと、読み手の労力が減る。忙しい決裁者には、このページだけで勝負できる。

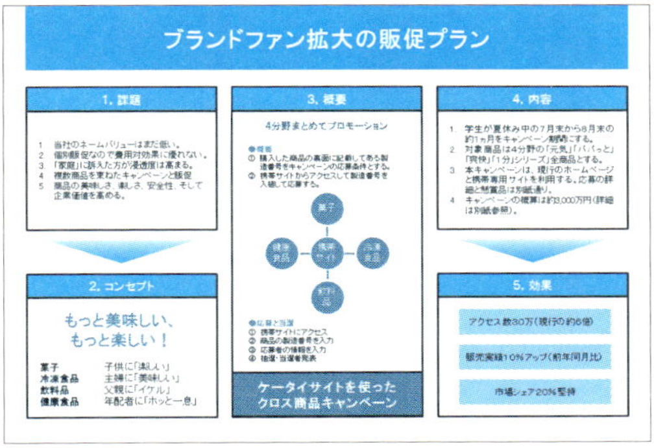

1枚企画書

一枚で完結する企画書は、簡潔でわかりやすい魅せる資料。
無駄な情報が削ぎ落とされて、エッセンスだけが残る。

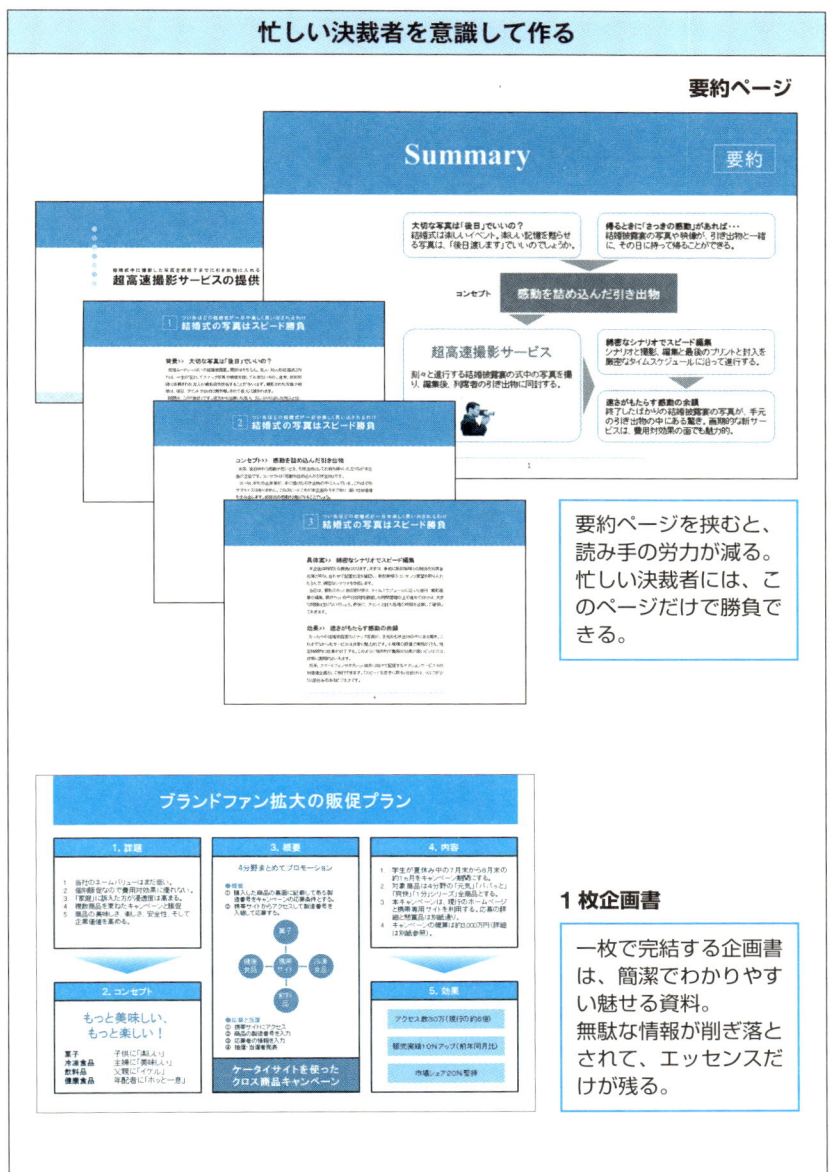

【サムネイル】紙とペンを使ってあらすじを書く

1-4 手書きであらすじを書くのがベスト

「よしっ、資料を作るぞ」威勢よろしくモニターに向かい、いきなり「パワーポイント」を立ち上げる。これでは十中八九、わかりやすい資料はできません。プレゼン資料は、読み手を納得させる手段。論理的に理解できるような、話を繋げる設計図がないまま取りかかっても、脈絡のない文章が書き連なるだけ。

まずは、**あらすじを書くのが先決**です。ポイントとなるキーワード（単語）を書き出し、整理しながら流れを組み立てていけば、走り書き程度でもあらすじになります。数ページに渡る資料なら、ざっくりとしたページ割のあらすじでもいいでしょう。1ページ1メッセージ（52ページを参照）を基本にすれば、情報の重複が避けられて前後のつじつまもチェックしやすくなります。

あらすじは手書きに限ります。ペンと紙を使った手書きがいいのは、最もシンプルな表現方法であり、頭の中の情報をストレートに描写できるからです。何の制約もなく、間違っていてもゴチャゴチャ書くのでも、とにかく書き込むことができます。細部を気にせずに「書く」ことで、フリーハンドの自由度と開放感に浸り、アイデアが次々に出てくるでしょう。

手書きであらすじを書くメリットは、ほかにもあります。あらすじを作ることは、不要な情報を整理してポイントを絞り込む第一歩になります。各箇所、各ページで最も言いたいことを探し出し、目の前の紙面に明示できます。これは、プレゼン資料のクオリティーを高め、結果的に作成時間を短縮することにつながります。

プレゼン資料は、話し手の主張の押し付けや、得意なことばかり書いてしまいがちです。あらすじを書くと、思考の整理でそれが抑止されて、聞き手が「何を聞きたがっているか」を自問できるのです。

キーワードからラフなあらすじを作る

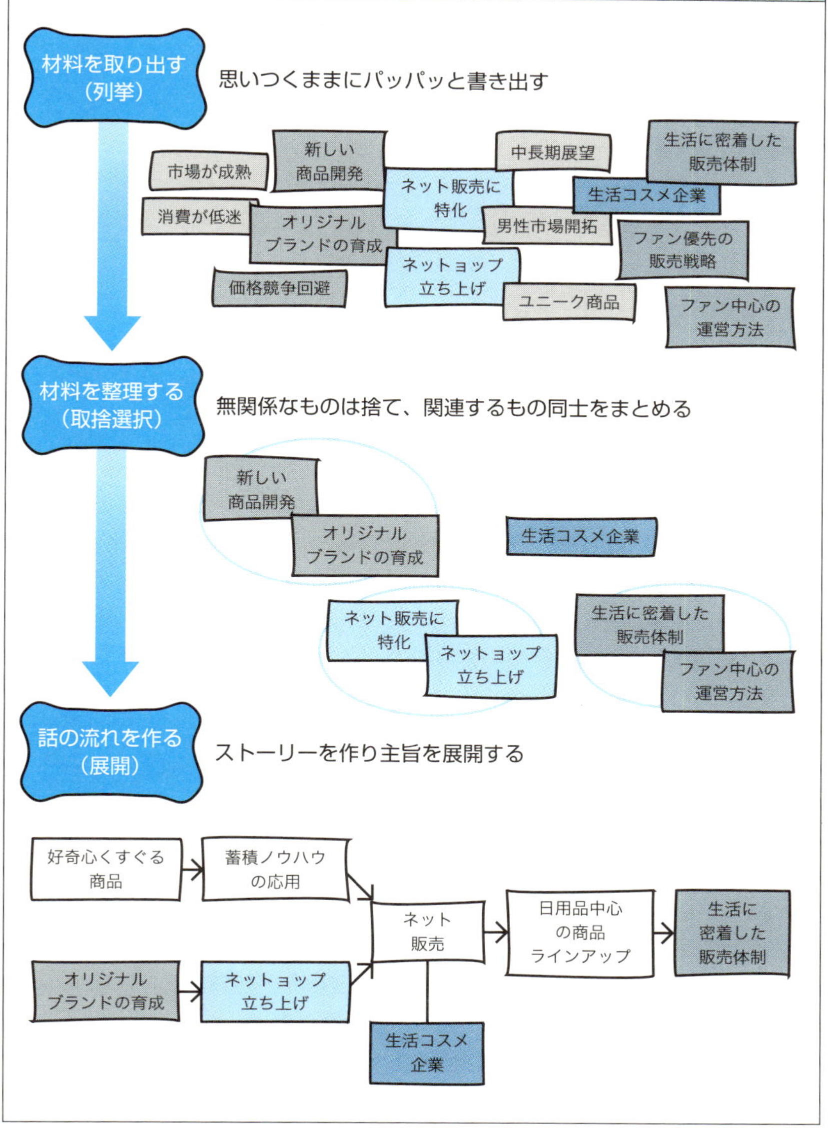

1-4

【サムネイル】紙とペンを使ってあらすじを書く

細部を意識するならサムネイルで

あらすじと同義で使われる言葉に「**サムネイル**」があります。

サムネイルは、各ページのイメージをラフなスケッチで表現したもの。平たく言えば**「何を、どこに、どのようなかたちで入れようか」**という構想です。前述したあらすじよりは、若干細部を意識したものになります。

資料作りに入る前に用意する“設計図”は、キーワードや箇条書きによるあらすじでもいいのですが、内容の要素間の関係性や位置付けはパッと見てもわかりません。

これが円や四角、矢印や線で描き表すサムネイルにすると、全体の構成とストーリーの流れがよく見えるようになります。

ラフスケッチのサムネイルは、資料の全体構成とボリューム、内容とレイアウトをイメージするのに最適な手段です。サムネイルを作るときには、全体のバランスをスケッチし、論理の流れや情報の過不足をチェックすることができます。一方、出来上がったサムネイルは、資料作成の実作業において各箇所の作り込みを指南し、展開する主旨の矛盾を見つけるのにも役立ちます。

顧客に提案する企画書であれば、先にサムネイルで上司にチェックしてもらうのもいいでしょう。複数人で資料を作る場合は、サムネイルのほうが調べる内容や情報量を把握しやすくなります。

もちろん、サムネイルはこれから資料を作る自分のためのものであり、誰に見せるわけではないので、ラフなものでかまいません。要は**自分が細部を詰めていくときの“設計図”になればいい**のですから。

いずれにしても、“設計図”なしで家を建てる人はいません。まずは走り書き程度でもかまいませんので、簡単なあらすじを用意してから資料作りを始めましょう。そして、もう少しストーリーと内容を意識したいときは、サムネイルで落とし込みましょう。

いまイメージできるサムネイルを作る

ラフなサムネイル

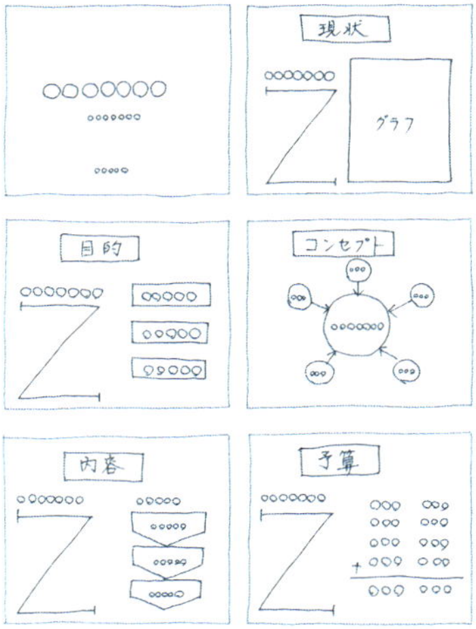

ざっくりしたサムネイル。すでに記述する内容は頭で整理されているので、図解の表現方法がイメージできればいい。

細部を意識したサムネイル

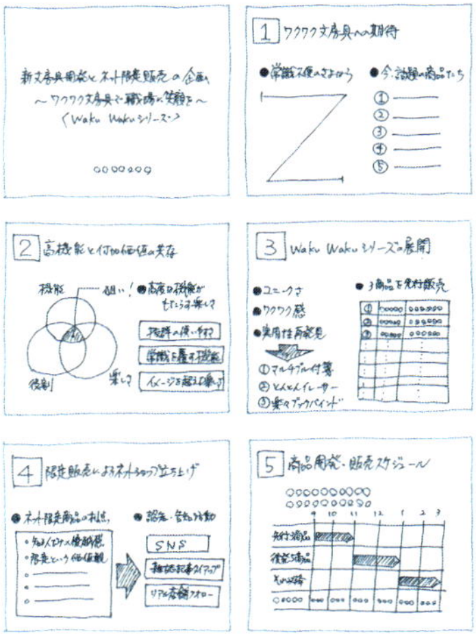

細部を決めたサムネイル。どの部分に何を書くか、主旨の流れとストーリー展開をイメージしている。具体的な表現方法が決まっていれば、その通りに書いておく。

1-5

【説得力】読み手の期待に応えられる資料にする

相手が動きたいと思う理由を作る

パッと見たところ、図やグラフが入っていてわかりやすそう。でも、読んでみると正論ばかりで深みのない展開が続く。「言っていることはわかるんだけど……」、こんな経験はありませんか？

このような資料は、肝心の部分が欠けています。読み手が「○○○しよう」と思うメッセージが入っていないのです。

前述したように、プレゼンの目的は相手を動かすこと（16ページを参照）。自分がゴールとする目的に向けて相手を行動に駆り立てるには、相手が動きたいと思う理由を作り、それをメッセージに乗せ、納得してもらう必要があります。

例えば、自社ホームページのリニューアルプランを考えてみましょう。「サイトを新しくすれば閲覧者が増え、売上増加が期待できる」という型通りの提案では、意外性も感動もありません。そこで、

お飾りホームページの現状を憂い**（行動が必要な理由）**

関係者間の生きた情報交換の場を作れば**（行動の方向性）**

多彩なマーケティング戦略が仕掛けられ**（行動のメリット）**

元気印企業として広く認知される**（相手が行動する動機付け）**

といったストーリーを組み立ててみましょう。

相手が動く理由（行動が必要な理由）を積極的に提供するのです。少なくとも読み手は「何か変わりそうだな」と感じてくれるはずです。「消費者の声が聞ける」「市場ニーズが読み取れる」「有望な人材が集まる」など、相手の課題がクリアできる情報を盛り込めば、「やってみよう」と思い始めてくれます。

相手は、自分が思うほどあなたに興味を持ってはいません。振り向かせるには、**自分が言いたいことではなく、相手が動きたいと思う理由**を作って「説明を聞きたい」「それをやってみたい」と思わせるようにしましょう。

結果を出すメッセージの伝え方

（例）自社ホームページのリニューアルプラン

相手の行動の必要性
（なぜそうして欲しいのか）

ホームページがお飾りになっている

- いつも情報が同じ
- つまらない、ダサい
- アクティブ感がない

↓

相手の行動の方向性
（どうして欲しいのか）

生きた情報が飛び交う場にしたい

- 皆が活発な意見を交換する
- 面白さと期待感
- スピードある情報提供

↓

相手の行動のメリット
（または動かないデメリット）

多彩な戦略が仕掛けられる

- 消費者の声を吸い上げる
- 優秀な人材を確保する
- 良質な口コミを期待する
- スマホでのマーケティング

↓

相手の行動の必要性
（なぜそうして欲しいのか）

認知度を高めて総合力アップ

- 面白い会社だという評判
- 商品情報の素早い提供
- 消費者や学生とのリンク
- 新しい商品と市場開拓

↓

相手が動く理由を添えて
資料の説得力を高める！

1-5

【説得力】読み手の期待に応えられる資料にする

読み手のメリットを考える

そうは言っても、読み手の興味を引く資料は一朝一夕には作れません。そこで「読み手のメリットはどこか」という視点で、自分の考えを伝えるようにするのも効果的です。

読み手が顧客の現場担当者であれば、そのプレゼン資料を決裁者に渡すだけで（時間をかけて再説明しなくても）内容が伝わるようにしたり、読み手が社内の上司であれば、資料が通れば上司自身の社内評価や出世につながるようになる、といったことです。

最初に相手の関心ある事柄を取り上げて、「最後まで聞く価値がありそうだ」と思わせるのも手です。

例えば、会員数の低迷に困っている顧客がいれば、「ここ数年会員が急増した会社」「次々と優良顧客に転換している会社」といったケーススタディを紹介します。「ウチがそうなるには？」と思ってもらえればしめたもの。具体的な対策案と行動案を続けましょう。

さて、問題点を指摘して対策を講じるプレゼン資料には、案外、問題点と対策が対応していない作りになっている場合があります。これでは問題点がどうやって解決され、どういう姿になるかが見えませんので、相手は納得して動くことができません。Aという問題を説明したら、Aを解決する方法を必ず提示してください。

ときに、自分の提案を一方的に勧めるだけのケースもあります。「○○○すべきなんです」を強調するばかりでは、提案を通したいというエゴが感じられ、結局は「自社の製品を売りたいだけか」と相手に映ってしまいます。

自分がやりたいこと、言いたいことだけでは、相手は動いてくれません。相手が動きたくなるメッセージを盛り込んで、相手の行動を促すようにしましょう。それが読み手の期待に応える資料につながります。

説得力を高めるには……

正論だけでは動かない
話し手
聞き手
○○○すべきです
○○○じゃ
ダメなんです
説き伏せられ
てもなぁ…
○○○は○○○です。
だから○○○すべき！
だって○○○でしょ。
理詰めは
うんざりだ
考えを受け入れてもらう
○○○が必要です
それは○○○
だからです
なるほど！
客観的に
説明する
理由を知る
納得する
そのためには○○○
してください
じゃぁ○○○すれ
ばいいんだね
お願いする
共感を得る

1-6 【図解】読ませる資料から「見せる」資料へ

見せる資料はシンプルでわかりやすい

私たちが仕事を進める中で、顧客や上司、チームメンバーとコミュニケーションを取る最たるものが「文章」です。

報告書、議事録、調査書、そしてブリーフメモまで、文章は常に関係者の間を取り持ちます。

しかし、最後まで読まないと内容がわからないのが、文章の欠点です。忙しいビジネスの日常で「読め！　読め！」と駆り立てる文章は、提出する側ともらう側ともにストレスを感じます。

だからこそ、**ビジネスで使う資料には「見せる要素」が必要**になります。見せる資料とは、文章表現に固執しない資料です。

どんなに表現力に優れ、示唆に富んだ言葉が書き留められていようと、回りくどければ読み手はわかろうとする努力を放棄します。冗長な文章が紙面を埋め尽くすようなら、うんざりしてほかの仕事を優先するでしょう。

文章の見せる工夫は、箇条書きにする、文節を短くする、といったことでも可能ですが、まずはパッと頭に入ってくることが大切。その意味で、**見せる資料とは「図解した資料」**と言い換えられます。

図解した資料はシンプルですから、何を言いたいのかが「一目でわかる」ようになります。情報を目で追うために頭にスッと入ってきて理解を促します。その結果、主旨が把握しやすくなりますので、内容が読み手に伝わりやすくなります。

文章は読み、図解は見る。この「読む」と「見る」の違いこそ、図解がパッと頭に入ってきて、一度に多くの情報を理解してもらえる大きな理由なのです。

ビジネスの世界において、短時間に資料の全体像を理解してもらうには、図解が最適な表現方法といえます。

ビジネス資料に最適な図解表現

ビジネスにおける資料の役目

短時間で　内容を伝え　理解してもらう

文　章	図　解
• 最後まで読まないと、内容が分からない	• パッと見て、描かれているものが「何か」がわかる
• 書き手は、言葉を駆使して多様に抽象的に表現する	• 作り手は、選び抜いた短い言葉を使って描く
• 読み手の受け止め方は千差万別である	• 読み手は自分から理解しようとする
• 文章は読ませる道具	• 読みたくなる道具
• 説得することに主眼	• 納得・理解させることに主眼
△	○
「読む」	**「見る」**

短時間に資料の全体像を理解してもらうには、図解が最適な表現方法だ！

1-6

【図解】読ませる資料から「見せる」資料へ

図解による見せ方はメリットが多い

図解は、図形や線などを組み合わせて意図する内容を表現するものです。文章にすると冗長で複雑で混乱しがちな情報でも、図解すると単純明快にスッキリとまとまります。

例えば、新しい販促手法としてソーシャルメディアを活用する企画の「コンセプト」。文章で解説すると、「ネットから情報が広く伝わり、口コミが口コミを呼び、御社の商品が若い人に評判となり、その結果、企業が認知されて……」といった具合です。これが図解なら「歯車」の図を中央に配置するだけで、その意図するところは即座に伝わります（右ページを参照）。

つまり、図解とは、**複雑に絡み合う要素や込み入った事情を解きほぐし、シンプルにする作業**です。

やさしく直感に訴える図解によって、読み手は自然に納得してしまうところがあります。また、自発的に内容を読み取ろうと思わせる雰囲気を持っています。吟味された少ない言葉とシンプルな図式の中には、多くの情報が埋め込まれています。作り手の強い思いが込められた図解は、読み手に強い印象を残します。

だから、読み手に伝わり、納得してくれるのです。読ませるより「見せる」ほうが有利なのは、これに尽きます。

わかりやすい資料は、よく練られた図解とブラッシュアップされた言葉でできているのです。

【図解のメリット】

◎ぼんやりとしている考えの輪郭がハッキリしてくる
◎そもそも自分が理解できていないと図解できない
◎考え方や論理展開に矛盾があるのを見つけられる
◎不自然な箇所や間違った箇所を見つけ出せる
◎読み手の理解と納得の度合いが高くなる

文章だけの情報を図解で表現する

時代を読んだ新しい販促手法

これまでの商品販促は、テレビや新聞、雑誌といったマスメディアが中心でした。美辞麗句を並べ商品名を連呼する告知方法は、いまや消費者に見抜かれており、新規顧客の獲得にもつながっていません。マスメディアを使ったときの販促予算は、もはや大きく下がらないことも事実です。
このような一方的で強制的な情報発信は、効果的な宣伝方法ではありません。むしろ、大きなコストを垂れ流しているリスクを心配するべきでしょう。大切なのは、ほかの効果的な販促方法を見つけることです。昨今、急速に会員数を増やすソーシャル・ネットワーク・サービス（SNS）。さてこのSNS、意見や会話で人とのつながりを作る特性に気付けば、速報性のある効果的な「口コミメディア」であることがわかります。何百万人というフォロワーは、まさにテレビやラジオ、新聞に匹敵します。つまり、SNSによる口コミが、商品の宣伝・広告、そして販促という手法になり得るのです。

タイトルと文章だけ
たとえ重要な意見が書かれていても、これだけ長い文章では、読みたいとは思わないはず。

時代を読んだ新しい販促手法

1．旧来手法からの脱皮
　これまでの商品販促は、テレビや新聞、雑誌といったマスメディアが中心でした。美辞麗句を並べ商品名を連呼する告知方法は、いまや消費者に見抜かれており、新規顧客の獲得にもつながっていません。マスメディアを使ったときの販促予算は、もはや大きく下がらないことも事実です。
　このような一方的で強制的な情報発信は、効果的な宣伝方法ではありません。むしろ、大きなコストを垂れ流しているリスクを心配するべきでしょう。大切なのは、ほかの効果的な販促方法を見つけることです。

2．SNSの特性を生かす
　昨今、急速に会員数を増やすソーシャル・ネットワーク・サービス（SNS）。さてこのSNS、意見や会話で人とのつながりを作る特性に気付けば、速報性のある効果的な「口コミメディア」であることがわかります。何百万人というフォロワーは、まさにテレビやラジオ、新聞に匹敵します。つまり、SNSによる口コミが、商品の宣伝・広告、そして販促という手法になり得るのです。

小見出しと段落分け
情報のまとまり感は出たが、文章の長さと詰まり具合は相変わらず。

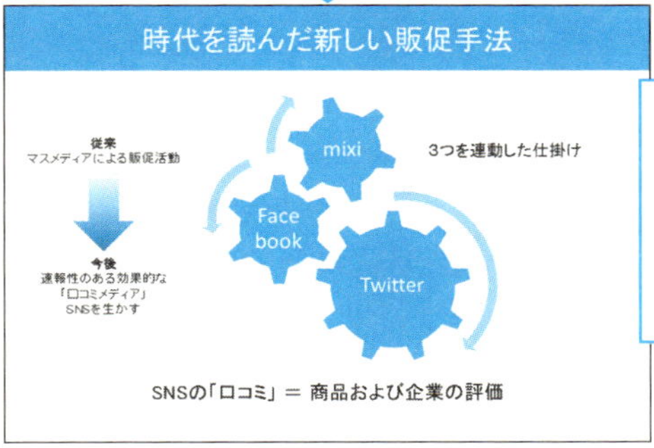
時代を読んだ新しい販促手法
従来
マスメディアによる販促活動
今後
速報性のある効果的な
「口コミメディア」
SNSを生かす
mixi
Face book
Twitter
3つを連動した仕掛け
SNSの「口コミ」＝ 商品および企業の評価

図解
コンセプトの主旨を「歯車」という図形で表現した。今後の方向性や3者の関係が自然と推察できる。

1-6

【図解】読ませる資料から「見せる」資料へ

情報を整理して図解を始める

図解にメリットが多いからと言っても、まったく文章をなくすわけにはいきません。プレゼンを中心としたビジネス資料では、長々とした文章が必要ないということです。文章が多いようなら、まずは書き連ねた文章を箇条書きにしてみることです。そうすると情報が整理されますので、主旨に沿った情報かどうかの取捨選択ができるようになります。しかし、箇条書きは要素の相互関係を簡潔に表せません。言葉による説明には語数が必要だからです。

そこで図解です。図解にすれば、関係性はもとより流れ、動き、位置付け、方向など、要素間の関わり方が自在に表現できます。しかも、簡潔に。図解表現の手順は、さほど難しくはありません。

最初に、**表現する要素を短い言葉やキーワードで構成します。**それを四角形や丸の図形で包みます。大きな存在は大きく、小さければ小さく作ってください。

次に、**要素間の関わり方を描きます。**関係が深ければ近くに置き、太い罫線でつなぎます。関係が薄ければ離して置き、細い線でつなぎます。流れや方向を加味するなら矢印を使ってください。

最後に、本質をズバッと表現し、**読み手の興味をそそる見出し（タイトル）を付けます。**

図解の基本手順は、ざっと以上のようなものです。提案等の裏付けをする根拠やキレのある文言、視覚的な演出をする図解が相互に補完し合うことで、相手に伝わる資料に仕上がります。提案やアイデアそのものがはっきりしていないと、いくら化粧をしても魅力がないのは言うまでもありません。

読み手が率先して目を通し、アイデアに期待感を持つ。図解によって作り込まれた資料には、そんな魅力があります。読み手の興味を引き付ける、さまざまな図解にチャレンジしてみてください。

図解化チェックシート

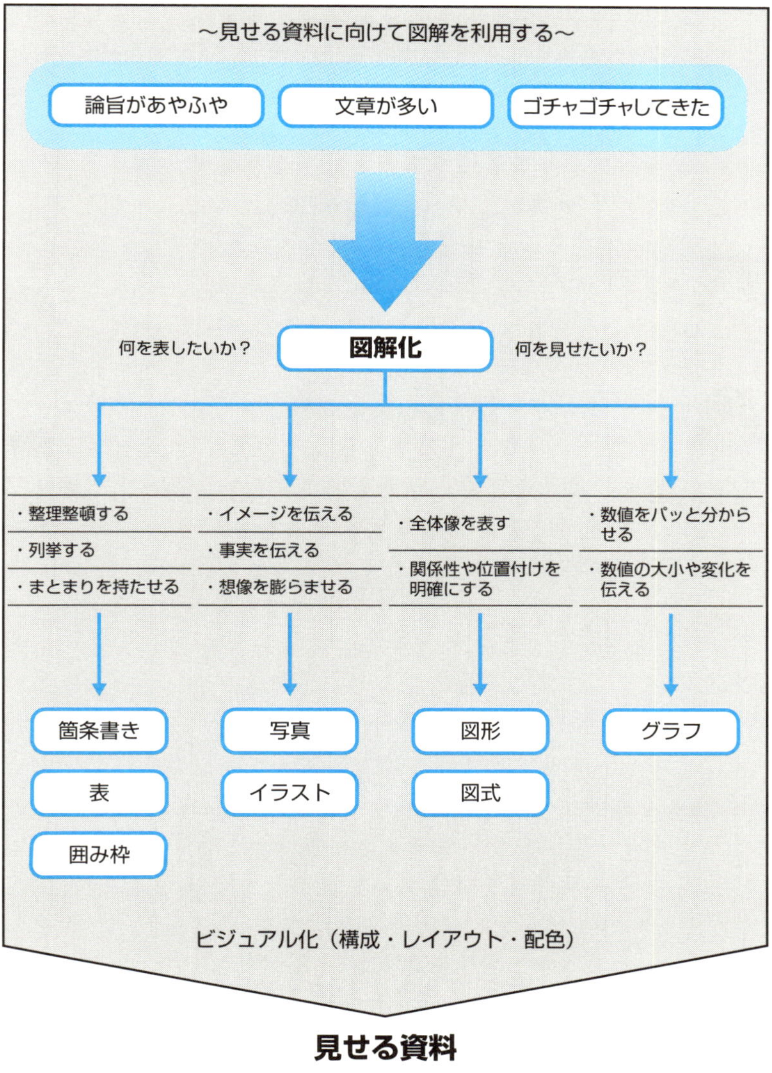
～見せる資料に向けて図解を利用する～
論旨があやふや
文章が多い
ゴチャゴチャしてきた
何を表したいか？
図解化
何を見せたいか？
・整理整頓する
・列挙する
・まとまりを持たせる
・イメージを伝える
・事実を伝える
・想像を膨らませる
・全体像を表す
・関係性や位置付けを明確にする
・数値をパッと分からせる
・数値の大小や変化を伝える
箇条書き
表
囲み枠
写真
イラスト
図形
図式
グラフ
ビジュアル化（構成・レイアウト・配色）
見せる資料

Column 佐藤君パワポで初めての1枚企画書作り 準備編

自分だけの“キャンバス”を用意する

佐藤君は販売促進部に配属されたばかりの新人。営業と販促で動き回る毎日だが、意欲的に企画を提出したいと思っている。「ワード」「エクセル」は学生時代から使っているが、「パワーポイント」はまだ不慣れ。
三田さんは入社歴 5 年の女性先輩。営業・販促スタッフをサポートする業務をテキパキこなしている。プレゼンや営業資料作りでは、説明が要らない分かりやすい資料を作ることで、皆から一目置かれている。

(1) サムネイルを手元に置いておく

佐藤君、企画書作るんだって？

あっ、三田さん。そうなんです。そこでパワポの作成手順を教えて欲しいんですけど。

いいわよ。サムネイルはもうできてる？

はい。以前教えてもらった通りに作っておきました。

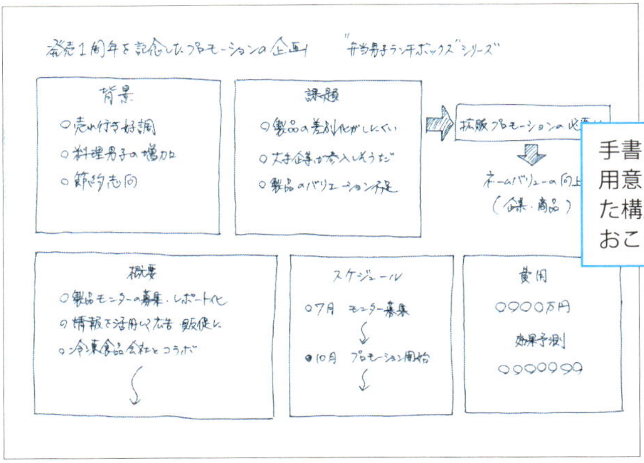

手書きのサムネイルを用意して、ざっくりした構成を手元に置いておこう。

(2) 使いやすいように編集画面を変える

パワポを起動して表示されるのが編集画面。企画書作りでは「プレースホルダ」は、別に使わなくてもいいから消しちゃいましょ。

えっ、勝手に画面構成を変えちゃっていいんですか。

もちろん。使い方は人それぞれ。自分が使いやすいように変更して構わないわ。

そうなんですか。そのまま使うのがいいものとばかり思っていました。

画面下の「ノートペイン」も用事がなければ使わなくていいのよ。

ウィンドウの枠を下にドラッグすればいいんですね。ホントだ、画面全体がスッキリしました。

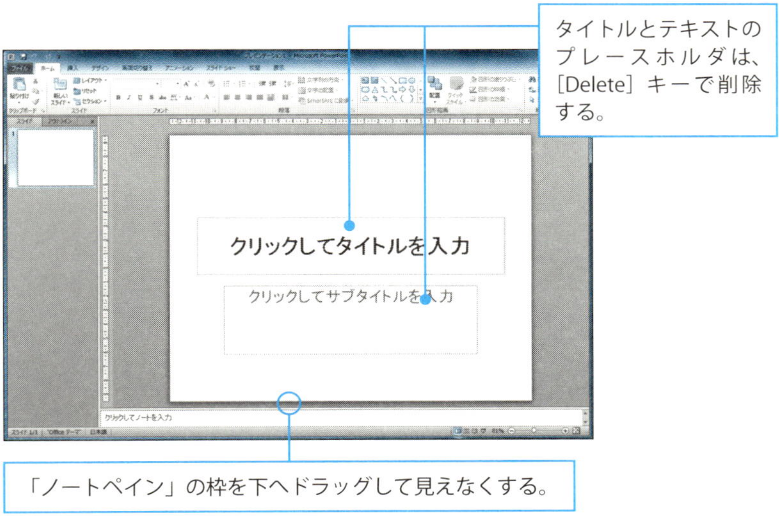
タイトルとテキストのプレースホルダは、[Delete] キーで削除する。
クリックしてタイトルを入力
クリックしてサブタイトルを入力
クリックしてノートを入力
「ノートペイン」の枠を下へドラッグして見えなくする。

(3) 企画書のページ仕様を決める

次は、作成する企画書のサイズと向きを決めましょう。

それは「ページ設定」というリボン（メニュー）で指定するんでしたよね？

その通り。紙に出力して提出するんだから、サイズは「A4（210×297 mm）」にしておきましょ。

わかりました。A4 ですね。

印刷の向きは「縦」と「横」、お好みでどうぞ。

じゃあ、今回は「横」にしておきます。

→62 ページに続く

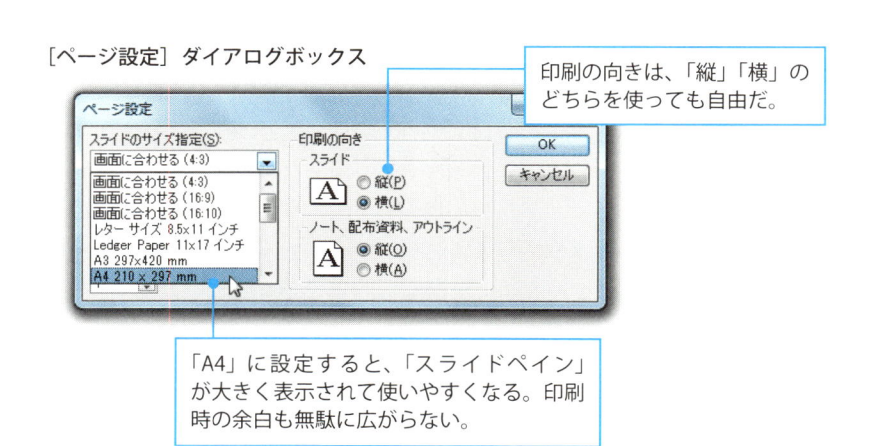

［ページ設定］ダイアログボックス

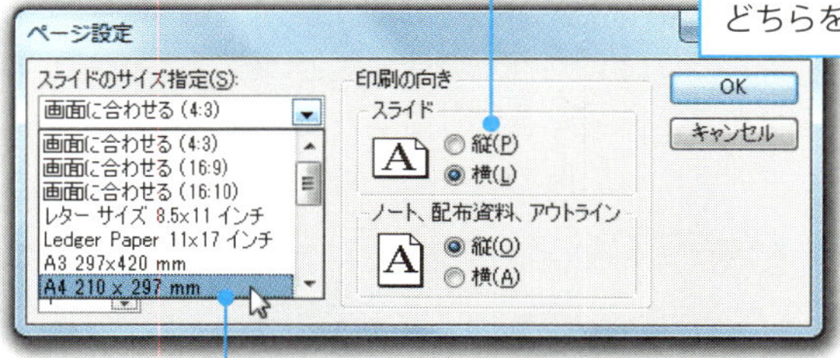

印刷の向きは、「縦」「横」のどちらを使っても自由だ。

「A4」に設定すると、「スライドペイン」が大きく表示されて使いやすくなる。印刷時の余白も無駄に広がらない。

第2章

見てもらえる資料にする「5つの鉄則」

～まずは、見てもらわないことには何も始まらない～

2-1

【鉄則①】見た目がシンプルであること

字数を減らして文節を短くする

ビジネスにおける資料は、誰もが興味を持って読むわけではありません。時間がない。このあとの来客が気になる。体調がイマイチ。目の前の資料を読もうとする、読み手の意志を妨げる要素は、数限りなくあります。

提出された資料の側にも、問題はあります。いくら読んでも要領を得ない。何が書かれているかわからない。論旨の流れがつかめない。そんな資料のほとんどは、情報を多く詰め込み、解説をゴテゴテと付け加えてしまうことに多くの原因があります。

では、読み手の視線を集中させ、内容を理解してもらう資料にするには、どうすればいいでしょうか。それには、脂肪を削ぎ落した決めの情報だけを入れるに限ります。平たく言えば、**シンプルな資料にすることです。**

シンプルとは「簡潔である」「無駄がない」こと。まず、誰にでもできるのが字数を減らして文節を短くすることです。

もっと解説したい。重々しく見せたい。大きな意義を持たせたい。あれこれ詰め込んでしまうと、どうしても一文が長くなります。本文を飾り過ぎて、作り手も読み手もわからなくなることはよくあることです。

そこで修飾語を外し、枝葉を捨て、冗長な表現をやめ、一文一意を原則にします。一文一意は１つの文に１つの意味を持たせることですから、誤読がなくなります。主語と述語が合わないとか、前と後ろで内容に矛盾が生じることがなくなります。

どうしても一文が長くなるようなら、２つ以上の文に分けて表わすのも１つの手です。無駄がなくなった文章は、文意が明確になります。

まずは冗長な文章をスッキリさせる

修飾語が多くてうんざり

Before

顧客の履歴情報を日時・来店回数・購入金額・商品名・品種で分析して顧客満足度を高めた施策を立案する

（48字）

分析項目は口頭でも説明できるので削ってしまう

顧客の履歴情報を分析して顧客満足度の高い施策を立案する

（27字）

必要最低限の言葉だけを吟味し、絞り込んでいく

単純明快！

After

顧客情報をデータ分析して販促策を立てる

（19字）

2-1

【鉄則①】見た目がシンプルであること

見せる工夫で紙面をシンプルに

文節を短くし、箇条書きやキーワードにすることで、文章が簡潔になりますが、具体的な内容を削った「結果」だけを見せても、読み手はわかりません。その文章表現に至った理由や経緯、背景を読み取ってもらわなければならないからです。

抽象的な文章だと感じたならば、適度な説明を肉付けしておくとわかりやすくなります。ただし、せっかくスリム化した文章の周りに補足文を置くと、ゴチャゴチャしてしまいます。良かれと思った肉付け作業も、混雑感が増してしまっては元の木阿弥です。そこで、紙面を見せる工夫が必要になります。

見せる工夫とは、文章表現に固執しない作り方です。情報の図解という言葉に言い換えてもいいでしょう。図解された紙面は、論理的に展開する情報を目で追うことができます。そのため、読み手は内容を整理しながら読み進められ、内容が頭にパッと入ってきます。

文章のシンプル化と同様、**図解の作業は紙面のシンプル化といえます**。見た目がシンプルな紙面は、余分な情報がないためにメッセージが表出し、何を言いたいのかが「ひと目でわかる」ようになります。言いたいことがストレートに読み手に伝われば、内容が理解しやすくなりますので、プレゼンの成功率がグンと上がります。

見せるといっても、クリエィティブデザインを施すわけではありません。「情報をまとめる」「見出しを付ける」「視線を誘導する」といった、基本にのっとった表現をするだけのことです。そのためのテクニックは、第３章以降で解説します。

読み手にとって、多過ぎる情報は雑音です。雑音は主旨の理解を妨げ、思考を混乱させます。読み手に違った判断を促さないために、シンプルな文章とシンプルな紙面を作成しましょう。

シンプルな資料こそ「読みたい資料」だ

読みたくない資料

- 文章量が多い
- 情報が散乱・重複している
- 要領が得ない
- ページ数が多い

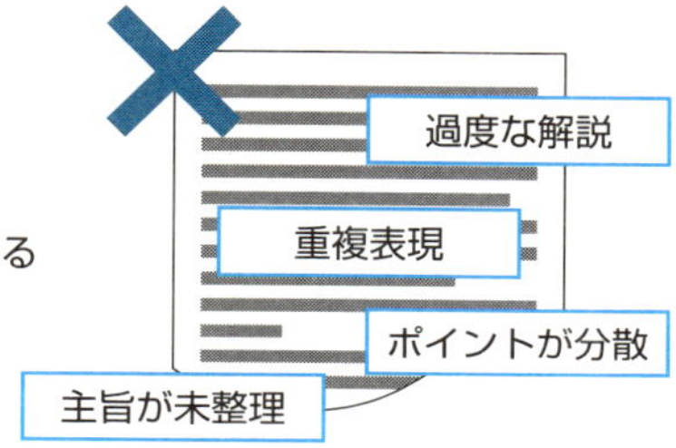
過度な解説
重複表現
ポイントが分散
主旨が未整理

シンプルな書き方

- 文節を短くする
- 修飾語を外す
- 枝葉を捨てる

シンプルな見せ方

- 情報をまとめる
- 小見出しを付ける
- 視線を誘導する

読みたい資料

- 文章が少ない
- 情報が図解されている
- パッと頭に入ってくる
- ページ数が少ない

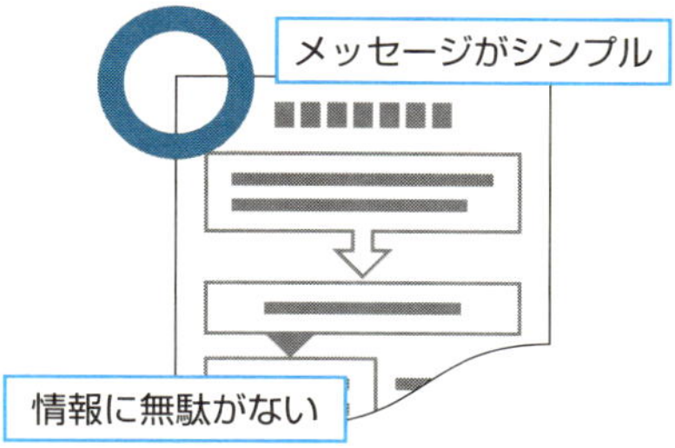
メッセージがシンプル
情報に無駄がない

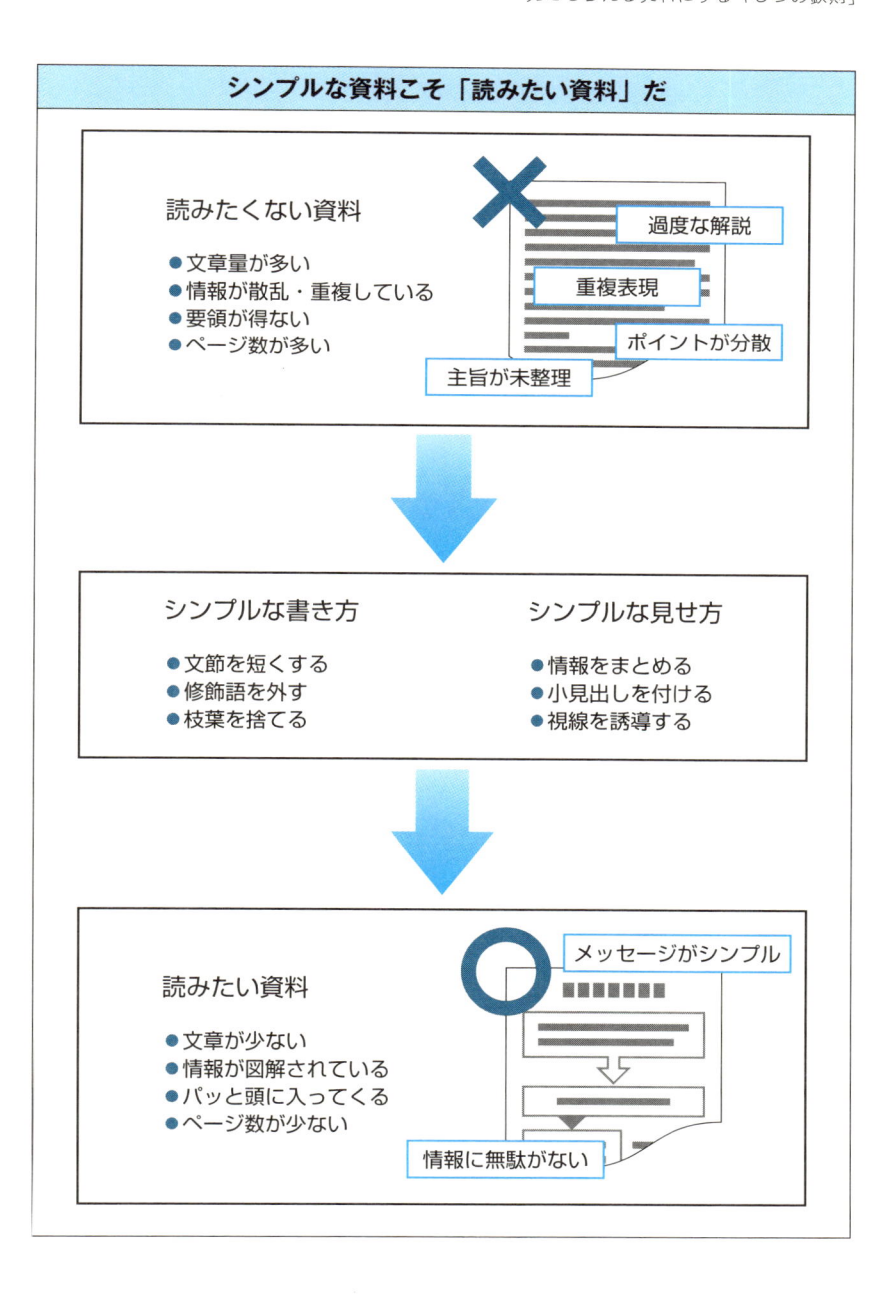

【鉄則②】すぐに「全体像」が見えること

2-2 何を言おうとしているかがわかる

読み手が資料を手にした途端、「おっ、読んでみよう」と思わせるのは、なかなか難しいものです。でも、パラパラとめくって「何となくイイ感じだな」と思わせたなら、つかみはOKです。次には、1ページ目を開き直してくれるでしょう。

2、3ページめくったら「おっ、読んでみようかな」

1ページ目をめくったら「ポイントが整理されているな」

文章を読み始めると「ウン。ウン。なるほど」

いかがですか？　こんな資料ならワクワクして、すぐにでも読みたくなるではありませんか。

このような資料は、**全体像が見える資料**といえます。全体像が見えるということは、「どんな要素が入っていて何を言おうとしているか」が、スムーズに感じ取られることです。

例えば、

・そのページにある理解すべき内容が見つけられる
・読ませたい方向に自然と目線が誘導される
・読み始めると、論旨がよどみなく流れている
・目的→背景→内容→予算などの項が過不足なく配置されている
・整然と、または意外性のある紙面作りになっている

といったことです。

もちろん、内容を読まずに企画や提案の内容をわからせることはできません。しかし、資料をパッと見た瞬間にその存在を醸し出している資料は、読み手の理解意欲をそそるものであることは間違いありません。ビジネス資料を作る上で、全体像が見えることは読み手に伝わる大きな要素です。

全体像が見えるとワクワクする

ペラペラめくっただけで、何となくイイ感じ！

情報がシンプルに
まとまっているな
きちんと
作ってあるな
じっくり
読んでみようか
ペラ

読み始めると、
何が書かれているかがよくわかる！

話の筋道が
納得できる
ポイントは
このあたりかな
見出しが過不足なく
配置されているぞ
ふむ
ふむ

2-2

【鉄則②】すぐに「全体像」が見えること

しっかりした構成を組み立てる

さて、全体像が見える資料を作る具体的な方法を考えてみましょう。

何よりも、**しっかりした「構成」を組み立てることが必要**です。構成とはA、Bといった要素を1つのまとまりあるCに結び付ける作業。言い換えれば、論旨の流れを作る作業です。

例えば、「書店タイアップの商品拡販策」を提案する場合を考えてみます。

「出版不況や書店淘汰」という背景

「既存の販売ルートでは売上が頭打ち」という課題

「広範な年齢層の集客と商品認知」という狙い

「書店とコラボした商品展示とイベント開催」という内容

「郊外大型書店で先行実施」という計画

「1回あたり20万円」という概算

構成とは、このような情報をつなぎ合わせて論旨の流れを作り、読み手を納得させるわけです。「どんな要素が入っていて何を言おうとしているか」がわかれば、自ずと全体像が見えて「伝わる資料」になることでしょう。

作り手がどこから手を付ければよいのかわからないと感じたときは、この論旨の流れが明確になっていない証拠です。構成の組み立てをやらずに紙面の見栄えだけを整えても、読み手には伝わりません。

なお、**構成を練り上げる際には、現状と理想のギャップを解消する提案を必ず入れておいてください**。これが具体的な提案内容であり、アイデアの具現化です。

企画書や提案書といったプレゼン資料は、この部分がなければ単なるペーパーです。おざなりなストーリーや意見を主張するだけの資料では、相手は興味を持ちません。

構成をしっかり立てて伝わる資料にする

現状はこうだ	背　景	・出版不況が続いている ・書店淘汰が始まった ・消費者の書籍離れ	現　状
問題なのは…	課　題	・売上が頭打ち ・新規の販路開拓が必要	
そこで…	狙　い	書店 →・広範な年齢層の集客 ・来店者増加策 当社 →・売上アップ ・新規の販路開拓	理　想
こうしたい！	内　容	・書店とコラボした商品展示 ・販促イベントの開催 ・共通ポイントの付加	ギャップを解消する提案
そのための予定として…	計　画	・郊外 SC の大型書店で先行実施 ・都内 10 エリアで合計 20 回開催	
これだけの予算が必要！	概　算	・1 回あたり 20 万円の開催費用 ・上半期予算 400 万円（20 回 ×20 万円）	

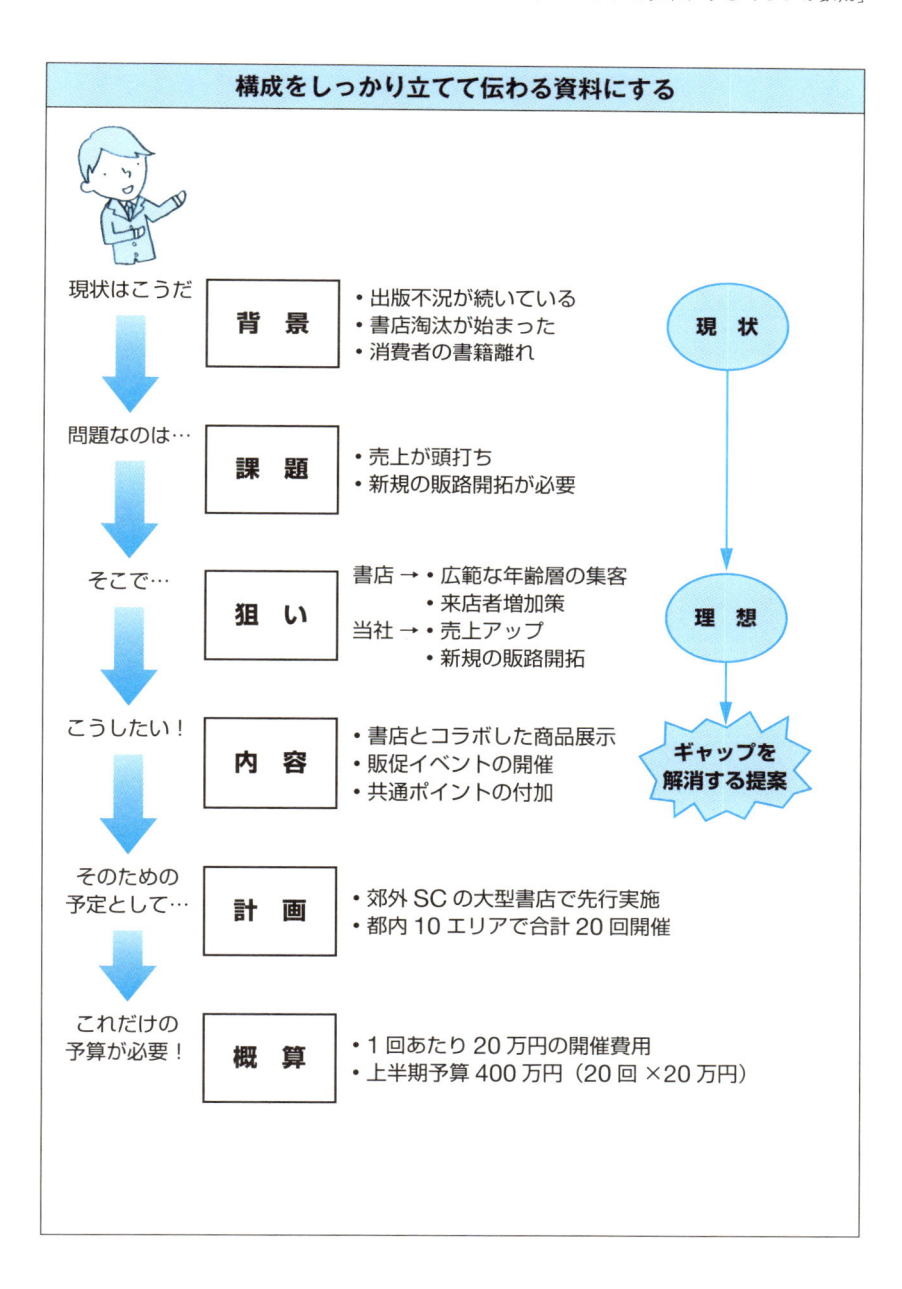

2-3 どの1枚でも話ができるように

【鉄則③】常に「1枚で完結」していること

忙しいビジネスの世界では、長い文章やページ数がかさむ資料を読むのは、大きな負担です。プレゼン資料にはできるだけ文章量を減らし、見て理解してもらう作りが求められます。そこでぜひ実践して欲しいのが、**1枚で完結している作りにすること**です。

何も、「提案内容をすべて1枚に収めろ」と言っているわけではありません。資料を構成する1つのページの内容を、そのページ内で読み終える作りにして欲しいのです。

例えば、1つの項目を解説するのに3つの要素があったとします。3つ目の要素だけ次ページに送られてしまい、合計2ページで3つの要素を解説することになりました。

このような場合は、

①1ページ目に3要素をタイトルで列挙し、2ページ目に各詳細を解説する

②1ページに収まるように文字量を減らして再構成する

このいずれかの方法でまとめます。こうすると、資料の1枚1枚は常に完結しており、どの1枚を取り出してもそれだけで話が進められます。

中には「1枚には収まりきれないよ」という人もいるでしょう。でも考えてみてください。何のための資料ですか？　ビジネス資料であって論文ではありません。見てもらえる資料にするには、確実に必要な情報だけを取捨選択して手短に解説すべきです。

提出する資料が1枚で収まるか、10枚になるかは作り手次第です。枚数は少ないに越したことはありませんが、課題が整理されていて、読み手が期待する情報が入っていることが重要です。

まずは資料に目を向けてもらうこと、そして読んでもらうことが大切なのですから。

1枚ごとに話を完結させるとイイ

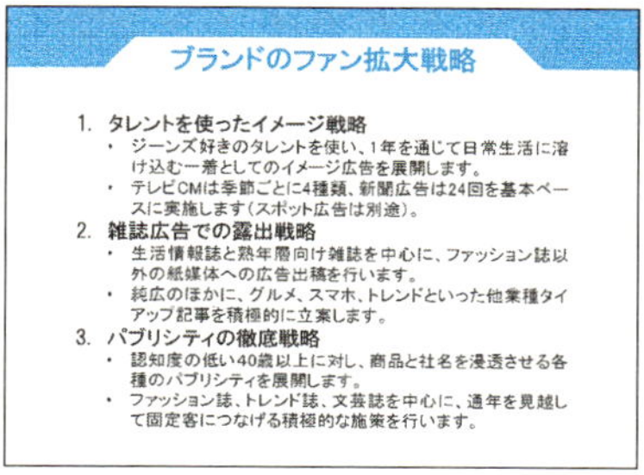

Before

一見まとまっているように見える。しかし、プレゼン用にスライドとしてみると、文字が多くてわかりにくい。

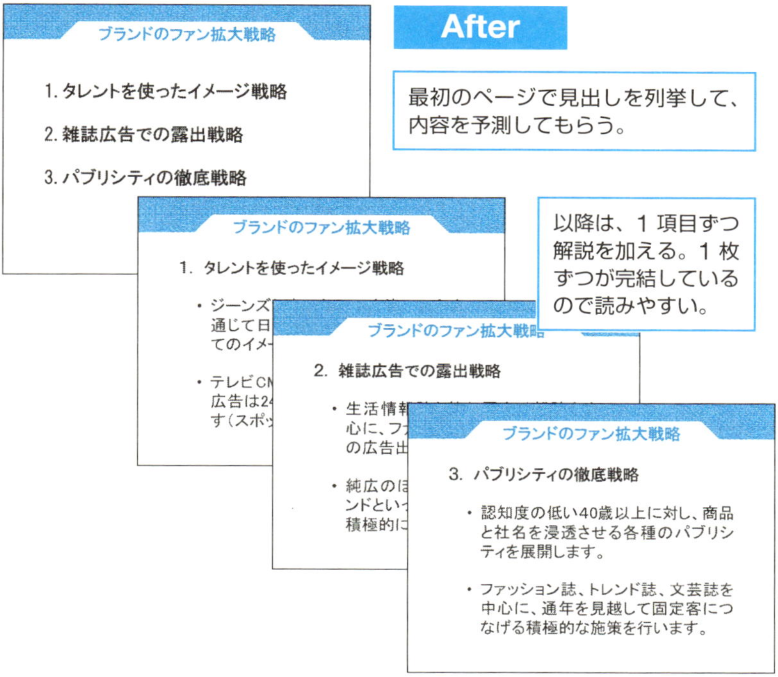

After

最初のページで見出しを列挙して、内容を予測してもらう。

以降は、1項目ずつ解説を加える。1枚ずつが完結しているので読みやすい。

2-3

【鉄則③】常に「1枚で完結」していること

1ページに1つのメッセージを入れる

1枚で完結した資料を作るには、**1ページに1つのメッセージを入れるようにする**といいでしょう。メッセージとは、そのページを使って読み手に伝えたいことです。「現状」の項であれば、現状に関する情報だけを1ページにまとめ、自分のメッセージとして伝えます。たとえ、ページに余白が残っていても、「コンセプト」や「具体案」の項は入れないようにします。余白があっても、そのページはそのまま“終わり”にさせてください。

1ページに複数のメッセージを入れてしまう。

前後のページにまたがった内容を読ませる。

ページに規則性のないメッセージの入れ方をする。

このような資料の作り方をすると、読み手が内容を理解できずに消化不良を起こしてしまいます。論文や報告書は読み手のペースで理解できますが、プレゼンのような資料は作り手（プレゼンター）が主導権を握っています。したがって、いまの1ページを確実に理解してから次のページを読んでもらうようにするのが、読み手本位の資料の作り方と言えます。

1ページに1つのメッセージを入れる。これは誰が読んでもわかりやすい形式です。シンプルでメッセージが引き立ち、読み手は短時間に理解できるようになるからです。一枚で完結する資料を作るときの要諦です。

話はそれますが、カジュアルな企画書提案や、出資者をつかまえて数分で提案しようとする「エレベーター・ピッチ」のような状況であれば、説明する内容をかみ砕いた要点だけの1枚でもいいでしょう。

思いを込めたメッセージが1枚に収められていれば、相手の気持ちを揺さぶる可能性が高まります。

1ページ完結で格段のスッキリ感が出る

Before

「狙い」の項の内容が次ページにまたがっているので、読み手の思考が途切れる。

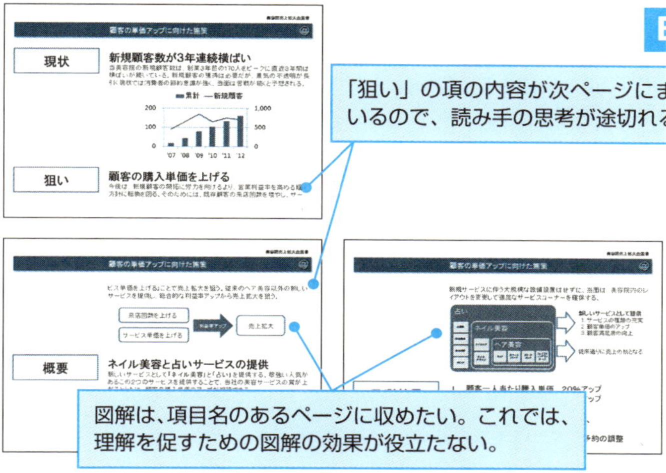
顧客の単価アップに向けた施策
現状
新規顧客数が3年連続横ばい
狙い
顧客の購入単価を上げる
概要
ネイル美容と占いサービスの提供

図解は、項目名のあるページに収めたい。これでは、理解を促すための図解の効果が役立たない。

After

1ページ1項目を徹底しているため、スッキリして読みやすい。紙面に合わせて文字サイズや図、グラフも大きくしている。

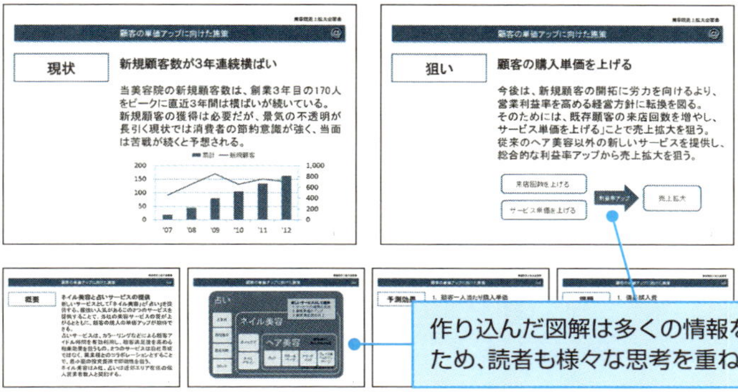
顧客の単価アップに向けた施策
現状
新規顧客数が3年連続横ばい
当美容院の新規顧客数は、創業3年目の170人をピークに直近3年間は横ばいが続いている。新規顧客の獲得は必要だが、景気の不透明が長引く現状では消費者の節約意識が強く、当面は苦戦が続くと予想される。
狙い
顧客の購入単価を上げる
今後は、新規顧客の開拓に労力を向けるより、営業利益率を高める経営方針に転換を図る。そのためには、既存顧客の来店回数を増やし、サービス単価を上げる」ことで売上拡大を狙う。従来のヘア美容以外の新しいサービスを提供し、総合的な利益率アップから売上拡大を狙う。
概要
ネイル美容と占いサービスの提供

作り込んだ図解は多くの情報を提供するため、読者も様々な思考を重ねてくれる。

【鉄則④】抜かりなく「タイトル」が入っていること

2-4 気持ちを引き付けるタイトルを作る

資料を作る上で、案外雑に扱っているのが「タイトル」です。企画の中身は細かく吟味するのに、表紙タイトルは「○○企画書」「○○のご提案」「○○について」で終わらせている人が少なくありません。

言うまでもなく、表紙タイトルは読み手が最初に目にする部分です。上手にタイトルを作れば、資料を読みたくない人にはページをめくらせ、高をくくっている人には好奇心を抱かせる効果があります。

タイトルには、内容を代弁する具体的でわかりやすいものを付けてください。例えば、男性を対象とした料理教室を開催する企画。「新しい料理教室のご提案」とするよりも「男子向け家庭料理教室の開催案」としたほうが具体的です。「『男子』というくらいだから若者が対象で、毎日の献立となる家庭料理が中心か……」と、大雑把に推測できます。中を読むと意外なアイデアが書かれている、そんなプレゼンなら好感触が目に見えませんか。

凝った表紙タイトルに躊躇する人は、サブタイトルを付けるのもいいでしょう。普通のタイトルに「味噌汁から始める厨房男子」とか「モテる男の“手に食”戦略」といったサブタイトルがあれば、インパクトが出ることでしょう。

一方、本文のタイトル、いわゆる見出しも重要です。**見出しは、本文に入る前に最初に読む部分です**。ここでは、すでに読み手が文章を「読もう」としている状況です。確実に本文へ誘導させる見出しを付けたいところです。回りくどいものや曖昧な表現は避けましょう。

基本的には、隣接する本文の内容を代弁する言葉がベストです。そのとき提出する資料の目的や作り方によっては、ユニークなものやオリジナリティーある見出しを付けてもいいでしょう。安易に本文中から流用せずに、多くの候補を書き出し、熟考した上で決めの1個を見つけたいものです。

タイトルだけで読み手の心をつかむ

Before

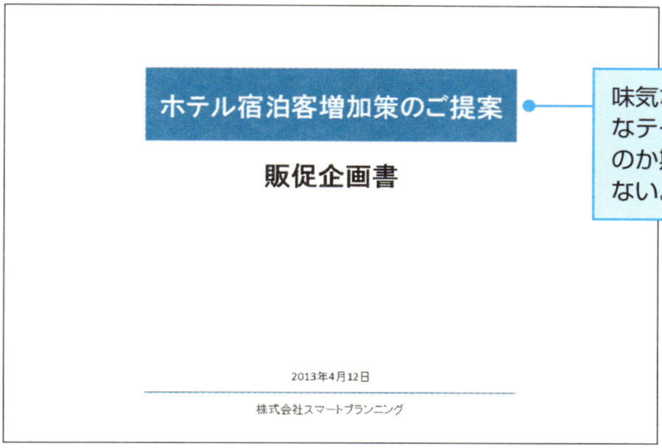
ホテル宿泊客増加策のご提案
販促企画書
2013年4月12日
株式会社スマートプランニング

味気ないタイトル。どんなテーマが書かれているのか期待することができない。

After

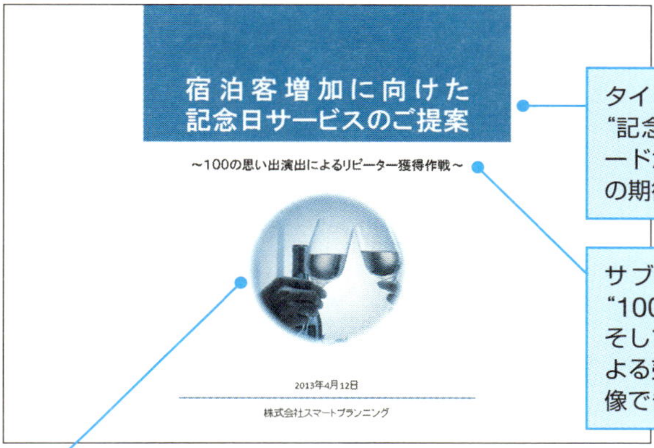
宿泊客増加に向けた
記念日サービスのご提案
～100の思い出演出によるリピーター獲得作戦～
2013年4月12日
株式会社スマートプランニング

タイトルが具体的。また、"記念日"というキーワードがあるだけで、提案の期待が高まる。

サブタイトルに込めた"100"というアイデア、そしてリピーター獲得による売上拡大の狙いが想像できる。

関連する写真を使うと、提案内容のイメージが一層膨らむ。

2-4

【鉄則④】抜かりなく「タイトル」が入っていること

図解の意味をタイトルに表わす

わかりやすい資料作りに図解は欠かせません。

通常、読み手は図解を理解する前に、何について描かれた図なのかを知ろうとするはずです。

このときタイトルがないと、読み手はわかろうとする努力を放棄するかもしれません。やはり、図解にもタイトルは必要です。

表紙タイトルや本文見出しと同様、図解の意図を代弁する言葉をタイトルとして付けてください。そのためには、「この図は何を表現しているのだろう」と客観的に見直してみるといいでしょう。適切なキーワードが浮かんで来たり、図をブラッシュアップするチャンスにも出会えます。

「○○の仕組み」「○○について」といった味気ないタイトルは避け、図解をいきいきと見せる考え抜いた言葉を付けてください。

例えば、Ａ社とＢ社のコラボ企画で、双方の役割を解説する図解。

あなたは「２社の役割」と陳腐なタイトルを付けますか？

それとも「情報分析するＡ社と営業活動するＢ社」と付けますか？

後者のほうが２社の役割が明確になるのは言うまでもありません。読み手もその予備知識をもって図が読み始められます。

このように適切なタイトルであれば、図の理解が進んで印象深く読み手の頭の中に記憶されるはずです。

見出しがあると、内容が要約できる

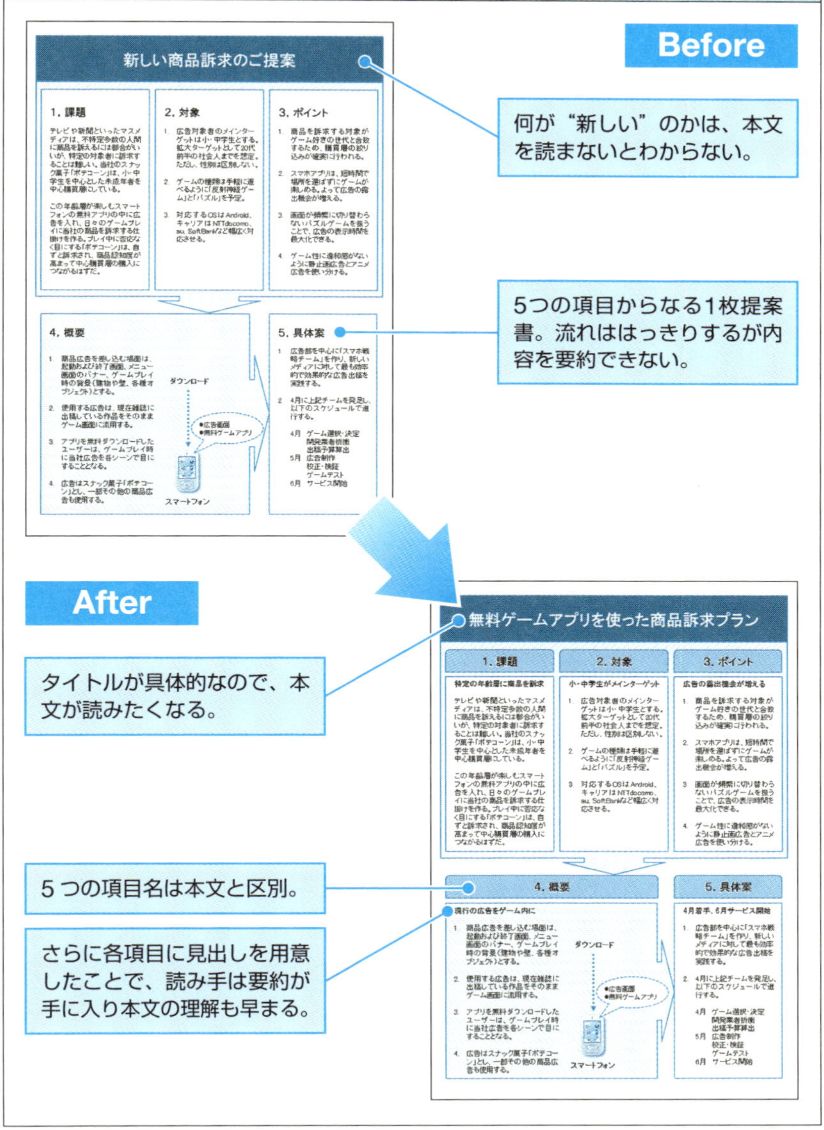

【鉄則⑤】適度に「ビジュアル化」されていること

2-5 ビジュアル化の基本は図解

ビジネス資料が読まれるのは、最初の１行だけ。読んで納得してもらうのに、それくらいハードルが高いと言えます。それなら読み手に「おやっ」と思わせたいのが、作り手側の本音です。

それには見せるための工夫が必要になります。**見せる工夫とは、内容がスッと頭に入ってくる見せ方のこと**です。文節を短くしたり、箇条書きにすることでもわかりやすくはなりますが、文章表現に固執しない作り方のほうが直感的に理解できます。

例えば、「適度な運動」と「規則正しい食事」から「健康」を導くなら、２つの円を重ねて交差した部分に「健康」と入れれば、見ただけで理解できます。円のサイズや位置、線の太さや色合いを変えることで、図解に込めるメッセージも調整できます。

見せる資料にするには、図解するのが最も効果的です。図解は、図形などを組み合わせて意図する内容を表現するもの（32ページを参照）。図解された資料は、シンプルですから何を言いたいのかが「一目でわかる」ようになり、主旨が理解しやすくなります。その結果、プレゼンの成功率が上がります。読まれる資料とは、直感で伝わるように情報を化粧したもの、つまりビジュアル化したものです。

ただし、図解ばかりがビジュアル化の方法ではありません。写真を使えば文章を読まなくてすみます。表の隔行に色を敷けば、情報の追跡が楽になります。棒グラフの一要素だけに色が付いていれば、否応なくそこを強調できます。目的の情報素材を適切に表現することがビジュアル化の本質です。

過剰なビジュアル化は不要です。聞き手が最も納得できる紙面に向けて、情報の配置に注意を向ければいいのです。簡潔にする部分と強調する部分をはっきりさせること、これだけでメリハリの効いたビジュアルになります。

図解すると、短時間で理解できる

	文章中心	図解中心
理解のスピード	△	○
内容の印象度	△	◎
内容の記憶度	△	○
情報の正確性	○	△

文章は「読む」。図解は「見る」。
見る図解は、短時間に全体像が理解できる。

適度にビジュアル化する

図解を中心とした見せるためのさまざまな工夫をする。

作り手

読み手

シンプルでメリハリの効いた紙面にする。

直感的な資料になる

2-5

【鉄則⑤】適度に「ビジュアル化」されていること

構成・レイアウト・配色でビジュアル化

資料をビジュアル化するときのポイントは、構成とレイアウトと配色の３つです。最初の**「構成」**とは、論旨の流れを作る作業です。必要な情報を選択し、自分が意図する「流れ」を紙面に作っていきます。作っていく途中で、つじつまが合わない点や説明不足、逆に文章が多過ぎる箇所などが出てきます。できるだけ不要な説明を省いて、読み手の立場に立ったわかりやすい表現にブラッシュアップしてください。文章で伝わりきれない部分は、積極的に図解します。図解でシンプルになった情報は、見せる資料に向かっていきます。

２つ目の**「レイアウト」**は、情報を割り付ける作業です。一般には上から下、左から右への説明展開が基本ですので、この流れに合わせるほうがいいでしょう。まずは箇条書きにしたテキストボックスをざっくりと配置し、論旨に合わせて配置場所を入れ替えしながらレイアウトを整えます。必要に応じて、図解やグラフで視覚化します。

ただし、レイアウトのアイデアは無限にあります。むやみに図形を敷き詰めたり、グラフで紙面を覆ってもいけません。読み手に伝えたい目的を考えて、構成に則ったレイアウトをすることが大切です。

３つ目の**「配色」**は、紙面全体やページを構成する素材の色付けのことで、**「カラーリング」**とも言います。大抵のビジネス資料はカラーで提出するはずですから、配色のセンスは大切です。配色で注意する主な点は、「使用する色は２～３色までにとどめる」「同系色でまとめて濃淡で差異を出す」「強調したい箇所に濃い色を使う」ことです。

ビジネス資料で必要になるビジュアル化は、プロレベルの品質ではなく、企画の意図が伝わる「さりげないデザイン」です。少しばかりの美しさと見やすさ、情報のメリハリが伝われば、仕事で必要なデザインとしては十分です。

ビジュアル化して伝わる資料にする

Before

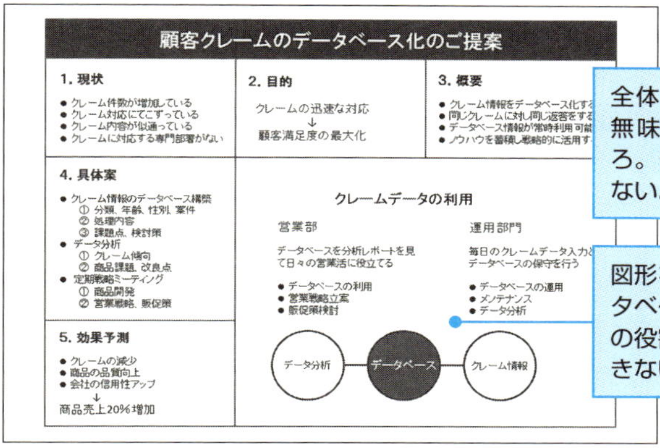

全体に整理感はあるが、無味無臭といったところ。グッと伝わるものがない。

図形を並べただけ。データベースの意味や各部署の役割が強くイメージできない。

After

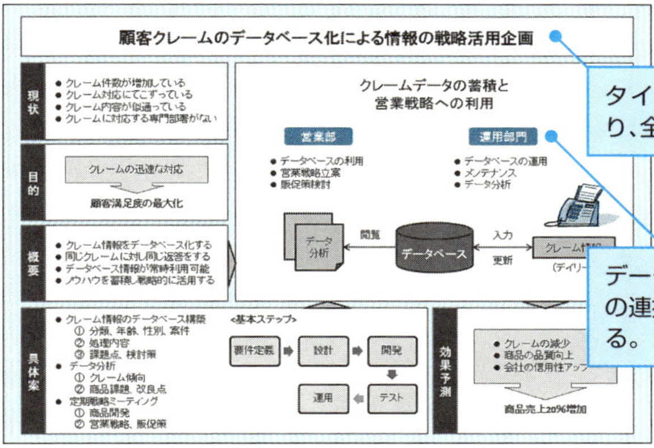

タイトルが具体的になり、全体像が想像できる。

データの活用法や部署間の連携や役割がよくわかる。

内容を構成する見出しを独立させ流れを作った。解説が図解と一体化し、全体が関連し合って理解できる。

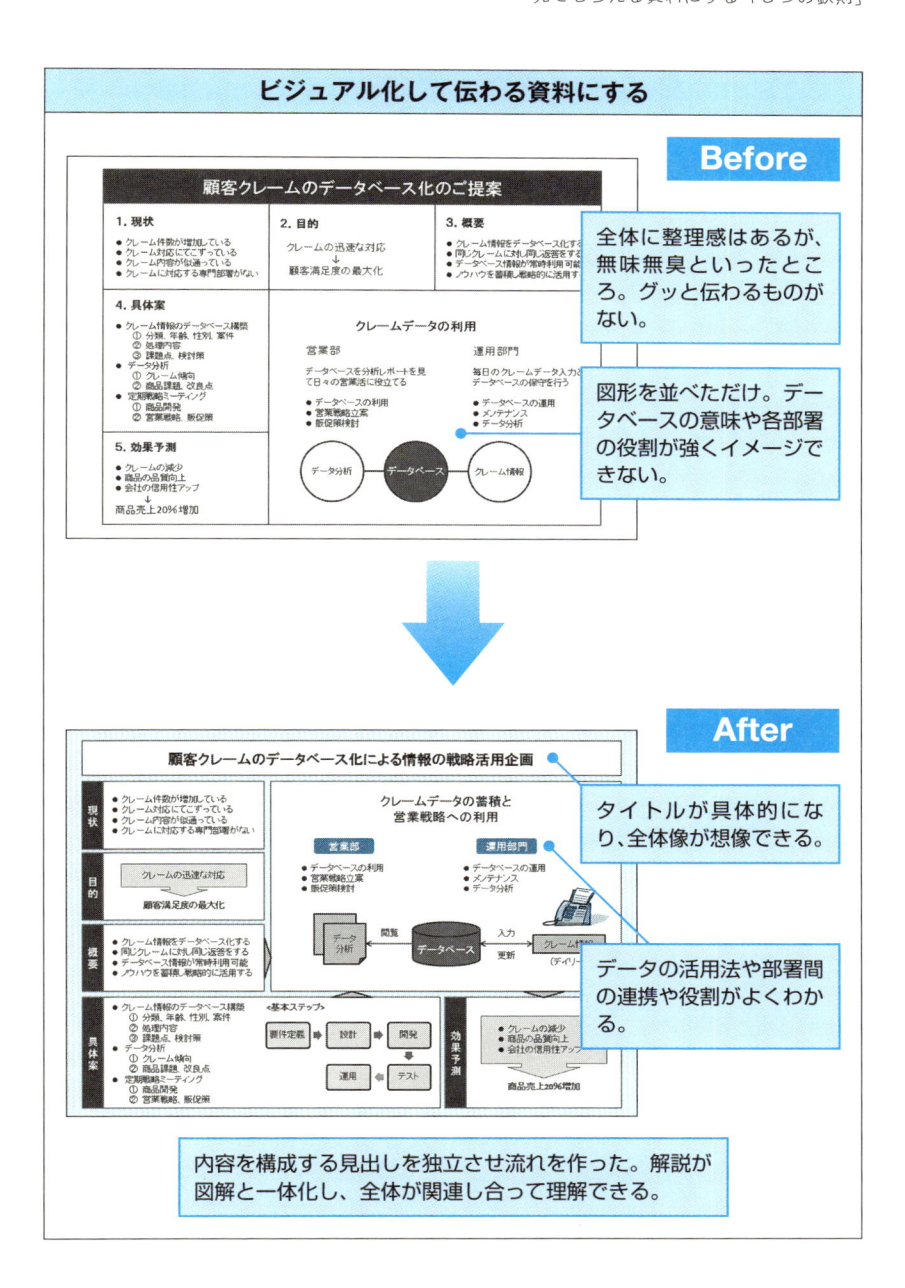

Column 佐藤君パワポで初めての1枚企画書作り 入力編

テキストボックスに文章を入力する

企画書作りの第一歩は文章の入力。でも、始めから文章を一字一句推敲していては、作業がはかどりません。文章をベタ打ちした後で大胆に手直しし、テキストボックスをざっくり並べれば、紙面の土台が出来上がります。

（1）まずは文章をベタ打ちする

さあ、いよいよデータの入力よ。サムネイルに書いたキーワードや文章を見て、文章をベタ打ちしましょう。

えっ、ベタ打ちでいいんですか？　起承転結を考えて文章を入力した方がいいんじゃないですか。

いいえ。大切なのは、まずベースとなる文章をドドッと入力してしまうことなの。文章の直しはそれからでもじっくりできるでしょ。

そっか。確かに元の原稿があれば、コピペも校正もレイアウトも安心してできますよね。

そういうこと。サムネイルを見ながら、気づいた言葉を付け足してもOKよ。

とにかく入力、入力と……。

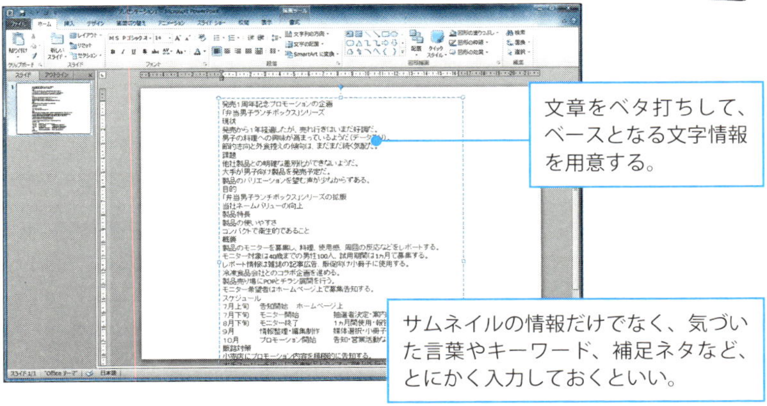
発売1周年記念プロモーションの企画
「弁当男子ランチボックス」シリーズ
現状
発売から1年経過したが、売れ行きはいまだ好調だ。
課題
他社製品との明確な差別化ができないようだ。
大手が男子向け製品を発売予定だ。
製品のバリエーションを望む声が少なからずある。
目的
「弁当男子ランチボックス」シリーズの拡販
当社ネームバリューの向上
製品特長
製品の使いやすさ
コンパクトで衛生的であること
概要
製品のモニターを募集し、料理、使用感、周囲の反応などをレポートする。
モニター対象は40歳までの男性100人、試用期間は1カ月で募集する。
レポート情報は雑誌の記事広告、販促向け小冊子に使用する。
冷凍食品会社とのコラボ企画を進める。
製品売り場にPOPとチラシ展開を行う。
モニター希望者はホームページ上で募集告知する。
スケジュール
7月上旬　告知開始　ホームページ上
7月下旬　モニター開始
8月下旬　モニター終了
9月　情報整理・編集制作
10月　プロモーション開始
販路対策
文章をベタ打ちして、ベースとなる文字情報を用意する。
サムネイルの情報だけでなく、気づいた言葉やキーワード、補足ネタなど、とにかく入力しておくといい。

(2) 文章を大胆に手直しする

三田さん、一応全部入力しました。サムネイルのときより文章が多くなってしまいました。

そうね。でも今の時点で文章量はいくらあっても結構。文章を削ったり入れ替えたりして、内容をブラッシュアップしていきましょう。

わかりました。ところどころ、回りくどい文章があるんですけど……。

そんなときは、見出しを付けて文章を思いっきり削ってみたら。ズバッと、一言で言い表すキーワードに差し替える手もあるわよ。

なるほど。大胆に手直ししちゃっていいってことですね。

そう。ここでは大胆に校正して、情報をシンプルにすることが目的なの。

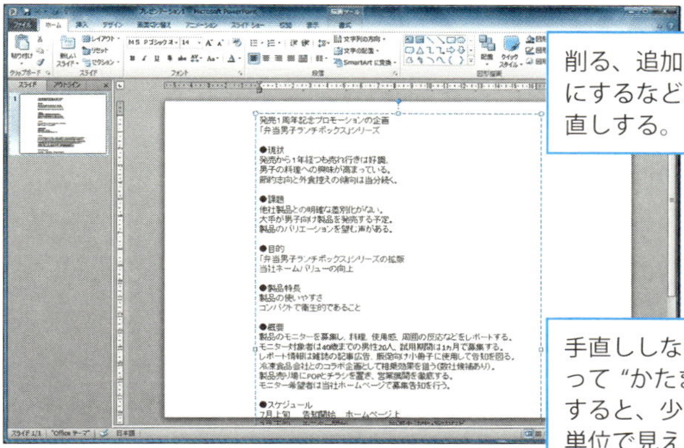
発売1周年記念プロモーションの企画
「弁当男子ランチボックス」シリーズ
●現状
発売から1年経つも売れ行きは好調。
男子の料理への興味が高まっている。
節約志向と外食控えの傾向は当分続く。
●課題
他社製品との明確な差別化がない。
大手が男子向け製品を発売する予定。
製品のバリエーションを望む声がある。
●目的
「弁当男子ランチボックス」シリーズの拡販
当社ネームバリューの向上
●製品特長
製品の使いやすさ
コンパクトで衛生的であること
●概要
製品のモニターを募集し、料理、使用感、周囲の反応などをレポートする。
モニター対象者は40歳までの男性20人、試用期間は1ヵ月で募集する。
レポート情報は雑誌の記事広告、販促向け小冊子に使用して告知を図る。
冷凍食品会社とのコラボ企画として相乗効果を狙う(数社候補あり)。
製品売り場にPOPとチラシを置き、営業展開を徹底する。
モニター希望者は当社ホームページで募集告知を行う。
●スケジュール

削る、追加する、キーワードにするなど、文章を大胆に手直しする。

手直ししながら、文章を区切って“かたまり”にしていく。すると、少しずつ文章が項目単位で見えてくる。

(3) あらすじに沿ってざっくりと並べる

上手く要点がまとまってきた感じがします。

じゃあ、次の段階に行くわよ。企画書のあらすじに沿って、テキストボックスをざっくりと並べていきましょう。

入力した文章の必要なところをコピペして……。よし、これで新しいテキストボックスができた。

そう。これを繰り返して、読み手が視線を動かしやすいように左から右、上から下へ配置していくの。

了解です。現時点では細かな配置は無視していいんですよね。

いいわよ。文章全部が 1 個のテキストボックスに収まる場合でも、できれば 2、3 個に分けておくと、後で流れが作りやすくなると思うわ。

→96 ページに続く

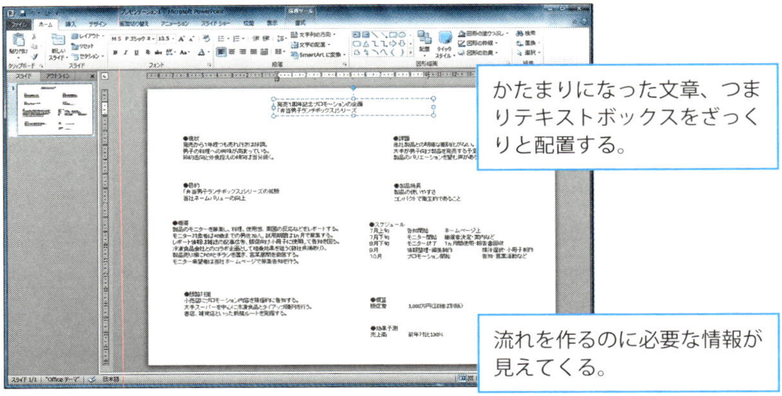
かたまりになった文章、つまりテキストボックスをざっくりと配置する。
流れを作るのに必要な情報が見えてくる。

第3章

わかりやすく見せる定番テクニック

～基本を押さえて、誰もが理解できる仕上がりに～

3-1

【箇条書き】長い文章をスッキリさせる

箇条書きで読みやすくなる

読み手のことを考えると、文章は２、３行に一回改行するのが基本です。一気に読み通すのは疲れますし、文章から圧迫感を感じてしまいます。ましてや、ビジネス資料における文章はできるだけ短く、言葉は少なければ少ないほどよいということになります。企画書や提案書では、接続詞を使わずに文を切り分けて書くのが一般的です。

文章が長くなってしまったら、迷わず**「箇条書き」**にするといいでしょう。箇条書きにすると情報が整理され、長い文章がスッキリします。また、資料内の重要な言葉が目に付きやすくなります。ベタ書きだった行構造がビジュアル化され、見える文章に生まれ変わります。そこでは、文章という固まりに霞んでいた真意が１行１行に先鋭化され、間違いなく読みやすくなります。

箇条書きは、できるだけ簡単に表現します。簡潔に「１項目を１行ずつ」書くのがベストです。

箇条書きには、短い文章（言葉）を並べるだけの方法から、体言止め（名刺や代名詞、数詞で終わる文）やコロン（：）を挟んで記す方法など、いろいろな書き方があります。通常、文章の場合は句点（。）を付け、体言止めの場合は句点を省略します。そして、１行の字数は、できるだけ揃えたほうが美しく見えます。

わかりやすくするためのポイントは、以下のような点です。

◎グループ分けをする……項目数が多くなった場合は、グループごとに整理して記述すると理解しやすくなります。

◎規則性を持たせる……重要な順、時間順、五十音順など、読み手がしっくりくる順番で上から並べてください。

◎文頭に記号などを付ける……通常は、行頭に黒丸や中点（・）などを付けます。手順や順位を表すときは「1.」や「①」などの数字を付けます。

箇条書きは意味のあるまとめ方をする

Before

ファストファッション店とコラボした
商品拡販プラン

週末・休日ともなれば、ファストファッション（FF）店には多くの人が押し寄せます。この集客力を生かし、当社の新商品を拡販させる企画です。
本企画はFF店の一角に商品を展示し、宣伝と販売を行います。週末と休日限定のイベント要素の濃い不定期のゲリラ企画です。
FF店とコラボする理由は、当社新商品のコアターゲットである若年層が集まりやすいこと。これはFF店の顧客層とも合致しますので、双方にメリットがあります。
また、試算では単独で実施するより50%のコストが抑えられます。FF店は郊外のショッピングモールに多く出店しており、駐車場の多さも魅力的です。車で来店した場合は、購入商品を家に持って帰れるため、購入を即決できる期待も高まります。

これだけ長い文章では、読む気が失せてしまう。内容自体は程よくまとまっているのに残念だ。

After

ファストファッション店とコラボした
商品拡販プラン

●概要
1. ファストファッション（FF）店とコラボした販促イベント
2. FF店の一角に商品展示し、宣伝と販売を行う
3. 週末と休日限定でイベントを開催する

●FF店とコラボする理由
1. コアターゲットの若年層が集まりやすい
2. 単独で実施するよりコストが抑えられる
3. 郊外のショッピングモールに多く出店している
4. 収容数の多い駐車場が用意されている

本ページの内容を「概要」と「理由」の 2 つに大別し、それぞれを箇条書きで表現した。内容が一気にハッキリした。

3-2

【見出し】埋没している情報を表に出す

見出しで心理的に読みやすくなる

意図的に短くした文章でも、それなりの分量があると読み手は厄介と感じます。消極的な読み手を誘うなら、**見出しを付ける**に限ります。

見出しは「内容を一言で言うと……」と書き出す作業に似ています。文脈にふさわしいキーワードをポンと取り出し、表に出してあげるのです。

見出しがあると、読み手は「とりあえず次の見出しまで読んでやろう」「このブロックだけ読んで一息つこう」と考えます。つまり、読む努力の目標ができ上がるのです。

見出しの付け方に決まりはありません。ビジネスでは、文章の意図を表す文言や要約にするのが妥当な線。カジュアルな提出状況ならば、キャッチコピーを入れて印象的なつくりにする手もあります。

見出しを何文字にするかは自由です。広く知られているのが「Yahoo!ニュース」。このトピックスはすべて13文字（正確には13.5文字）以内で作られています。これは可読性など同サイトの経験則によるもの。ニュースの価値を一言で表し、事実を簡潔に伝えるための13文字。長すぎず短すぎない“ちょうどよい文字数”ととらえています。

また、図解にも見出しは必要です。急に図解だけが現れても読み手は困ってしまいます。「貴社が目指す方向性」「地域特性を生かした戦略」といった前振りがあってから図を見始めるのと、そうでないのとでは理解に雲泥の差が生じます。

見出しが適切な表現ならば、読み手にスムーズな理解を促し、強い印象を与えられます。一方、作り手にとっても、作成中に「この文章（図）は何を言おうとしているのか」と自分自身に問い直すことができ、内容の吟味と情報の再整理が行えます。文章に見出しを付ける作業は、読み手と作り手の双方にメリットがあります。

見出し１つで紙面の表情が変わる

Before

長々と書かれた文章は、読み手に「読め」と強要しているようなもの。

After

見出しを付けると、段落の言いたいことが表に出てくる。ここを読むだけでもわかった気になってしまう。

ここは番号を付けた箇条書きにした。言いたいことが一目瞭然になる。

3-2

【見出し】埋没している情報を表に出す

内容を表すキャッチコピーを作りたい

「ブルーレットおくだけ」「熱さまシート」「のどぬ～る」

これらは商品のネーミングが上手いことで有名な小林製薬の商品です。一度聞いただけで、何となく商品の正体がつかめそうではありませんか。

実は、資料の見出しやタイトル作りにも、このエッセンスが参考になります。ひねりのきいた、余韻の残る、インパクトある「うまい作品」を作れと言っているわけではありません。言いたいのは、一読で読み手を納得させる文言を見出し（タイトル）に使うということです。

右ページに紹介した例を見ても、ネーミングが、商品にとっていかに大切であるかということ、キャッチコピーが企業にとっていかに大切であるかということが想像できるでしょう。

資料におけるキャッチコピーの役割は、読み手のために、極力説明を省いてスムーズに理解できるようにすることです。したがって、「インパクトがある」というよりは、「内容がわかりやすい」キャッチコピーがいいでしょう。それを読んで、次に続く本文の内容が想像できればいいのですから。

私たちにもできそうなのは、本文の内容に合ったキーワードを抜き出して、それをキャッチコピーにすることです。キーワードは言葉であって文章ではありません。内容を端的に表す短い言葉は印象に残りますから、本文を読み始める前の“準備”としては最適です。

キャッチコピーは、とにかく単純明快にすること。中身を読まなくても内容が想像できるのがベストです。資料を作り続ける過程で、全体に堅い雰囲気が充満してきたら、キャッチコピーを入れて雰囲気を和らげてみるのもいいでしょう。

本文を読むのをあきらめた相手でも、キャッチコピーだけは読んでもらえます。ぜひ、キャッチコピーを味方に付けてください。

一読で納得させるキーワードを作ろう

【商品名を変えてヒットしたもの】

「WEST（ウエスト）」→「BOSS（ボス）」	サントリーの珈琲飲料
「フレッシュライフ」→「通勤快足」	レナウンの紳士用抗菌靴下
「モイスチャー」→「鼻セレブ」	ネピアの保湿ペーパー
「缶煎茶」→「お～いお茶」	伊藤園の緑茶飲料
「江戸むらさき」→「ごはんですよ！」	桃屋の海苔製品

【企業または商品のキャッチコピー】

Drive Your Dreams.」	トヨタ
「あなたを電話にする会社」	NTT パーソナル
「いつやるか？ 今でしょう」	東進ハイスクール
「うまみだけ。雑味なし。」	アサヒビール・クリアアサヒ
「お、ねだん以上ニトリ」	ニトリ
「おいしさと健康」	江崎グリコ
「おはようからおやすみまで、暮らしをみつめる」	ライオン
「お金で買えない価値（モノ）がある。」	マスターカード
「カガクでネガイをカナエル会社」	株式会社カネカ
「きっかけは、フジテレビ。」	フジテレビジョン
「きれいなお姉さんは好きですか」	ナショナル美容用品
「ゲームでしか味わえない感動がある」	任天堂
「ココロも満タンに　コスモ石油」	コスモ石油
「すべては、お客さまの「うまい！」のために。」	アサヒビール
「ヒューマン・ヘルスケア」	エーザイ
「画面の中にあなたがいる」	スクウェア・エニックス
「自然と健康を科学する」	ツムラ
「自然を、おいしく、たのしく　カゴメ」	カゴメ
「新製品が安い ケーズデンキ」	ケーズデンキ
「人と自然と響きあう」	サントリー
「暮らし・感じる・変えていく」	プロクター・アンド・ギャンブル
「目の付けどころが、シャープでしょ。」	シャープ

【構図】シンメトリーでバランスを取る

3-3 落ち着きが出るシンメトリーで

紙面をレイアウトするときは、「構図」をどうするかが最も悩むところです。構図とは、仕上りの効果を考えた紙面の全体構成のこと。同じ情報要素を使っても、構図の取り方次第でまったく違ったレイアウトに見えます。

ビジネス資料では、この構図の基本バランスは「シンメトリー」がいいでしょう。シンメトリーとは、真ん中に中心線を引いて左右対称になるデザインのことです。例えば、神殿や神社仏閣、万華鏡や家紋、多くの工業製品など日常のあちこちで見ることができます。

なぜ、シンメトリーがよいかと言うと、左右同じ位置に文章や見出し、グラフなどが配置されるため、全体から安定や安心が感じられるようになるからです。情報がキッチリ整っている資料は、それだけで内容が信頼できる印象を与えます。まさにビジネス資料には最適な構図といえます。

ただし、単調な構図ですから「インパクトに欠ける」という人もいるでしょう。そんなときは意識して一部の構図を崩し、「アシンメトリー（左右非対称）」にしてみます。すると、紙面に動きが感じされるようになります。一部のページだけをアシンメトリーにして、重要なキーワードに読み手の視線を誘導するといった手を使うこともできます。

通常、紙面は上から下、左から右に読ませるように作るのが基本です。いわゆるZ型の流れです。「パワーポイント」でレイアウトすることに慣れていない人は、まず、Z型のストーリーを考え、次に、シンメトリーで構図を作り、変化を付けるなら一部を崩してアシンメトリーにする。

この方法で構図とストーリーをまとめてみてください。レイアウトは一朝一夕に上手くなれませんので、雑誌や広告を見てお手本にするといいでしょう。

シンメトリーをちょっと崩してもOK

Before

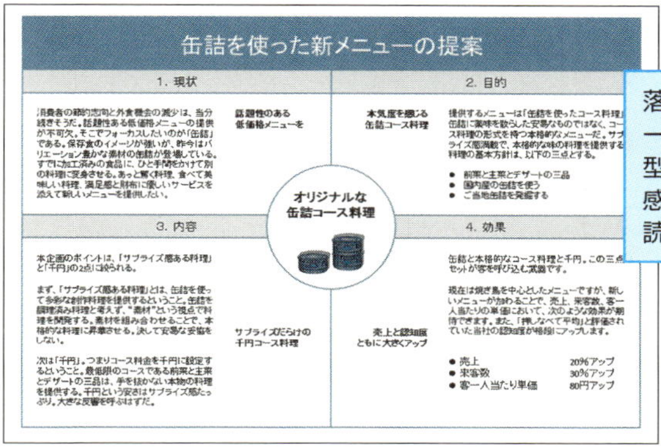

落ち着きあるシンメトリーのレイアウト。田の字型の一枚企画書は、整理感が強調されて安心して読める。

After

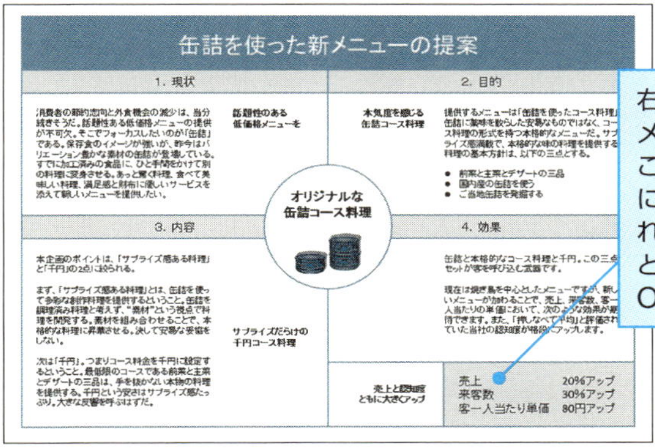

右下のブロックだけシンメトリーを崩してみた。これだけでもレイアウトに変化が出る。図解を入れる、小さな文字を置くといった些細な崩し方でOK。

【３つ】覚えやすい３つに絞りきる

3-4 情報は「３つ」にまとめる

私たちは一度に多くの情報を記憶できません。プレゼン会場では光源や隣人の所作、掛け時計や携帯電話の着信など、聞き入ろうとする人の意識をまぎらわせる多くの誘惑があります。また対面プレゼンのクライアントは、隙あらば論争を挑もうと狙っています。このような場面で、いくつもの項目を記憶に留めさせるのは至難の業です。

そこで、**プレゼンやビジネス資料に使いたいのが「３」という数字**です。この「３」がいかに魅力的かは、多くの人が喧伝してきたことです。

祝い事のシンボルは「松、竹、梅」、五輪のメダルは「金、銀、銅」、ビジネスの基本は「報告、連絡、相談」、スマホの三種の神器は「赤外線通信、ワンセグ、おサイフケータイ」……。例をあげれば枚挙にいとまがありません。

実は、この「３」という数字は、とくに記憶に残りやすい数字なのです。私たちは３つのものを並べると、安定感や安心感を抱く傾向があるようです。これは資料を作るときにも、ぜひ生かしたい特長です。

仮に、資料の要点を３つにまとめたとしましょう。読み手の気持ちに立ってみると、３つが持つ安心感が得られ、「せめて３つだけ覚えればいい（聞けばいい）」という心の準備ができます。そして、紙面からは、３つにまとめ上げた作り手の整理整頓の力量を感じることでしょう。

また、同類の情報や関係のある項目同士を集めるグループ分けも効果的です。最も伝わりそうな３つのグループを作り、各要素をいずれかに振り分けられれば、訴求度と印象度が格段にアップします。

５つでは覚えられず、２つだと忘れてしまう。なぜか「３」という数字は記憶に残ります。項目を列挙するときは、①３つに絞り切る、②「３つのグループ」に分ける、のいずれかで訴求してみてください。

「3」ならリズミカルに覚えられる

色の三原色
赤　黄　青

サイズ…
大　中　小

国民の三大義務
教育　勤労　納税

時間は…
現在　過去　未来

大相撲の三役
大関　関脇　小結

やるなら…
ホップ　ステップ　ジャンプ

三大珍味
トリュフ　キャビア　フォアグラ

日本三景
松島　宮島　天橋立

東北三大祭
青森ねぶた祭　秋田竿燈まつり　仙台七夕まつり

3つの視点　3つのお願い

三位一体　三冠王

三人寄れば文殊の知恵

三つ子の魂百まで

3-5

【差異】差異を付けて単調さを解消する

装飾せずに自然に見せる

文章のあちこちに太字や斜体、下線を付けている資料があります。これらの装飾を多用する傾向は、学校の教科書や参考書が影響しているかも知れません。ラインマーカーを引いて勉強する癖が、「重要な言葉は太字にする」→「わかりやすい」と連想してしまうのです。また、手軽に文字装飾ができるようになったこともあるでしょう。

結論を述べれば、ビジネス資料に太字、斜体、下線などの装飾は不要です。まるで「ここを見ろ！」と言っているようではありませんか。公文書には、基本的に太字や下線は付いていません。

太字などを使う人の意図は、特定の箇所を強調することです。問題なのは、それらの装飾によって文章のリズムや紙面のトーンが崩れ、視線の流れが妨げられることにあります。文章の中に太い文字や斜めの文字があると目障りで、集中して文字を追うことができません。

最もよい解決策は、差異を付けることです。私たちは「差異」によって驚いたり感心を寄せます。美しい女性が実は男だったり、高価そうなジュエリーが実はイミテーションだったとなれば、そのギャップに驚きます。

紙面においても、差異を付けることで強弱が現れ、単調さが解消できます。強制的な強調ではなく、読み手が意識しない自然な訴求が可能になります。以下のような点に気を付ければ、自然と差異が表現できます。

◎本文の文字は装飾しない（どうしても使いたいときは、１ページ１、２箇所に限定する）
◎注目用語は、改行して１行で見せる
◎見出しの書体（文字フォント）を変える（紙面にアクセントが出る）
◎見出しの文字サイズを大きくする

装飾機能を使わずに訴求する

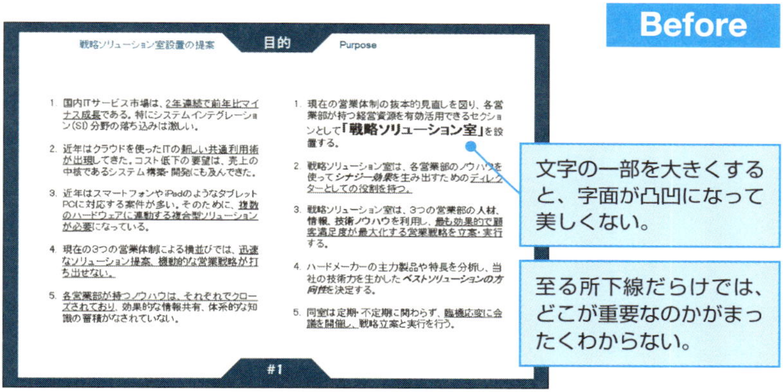

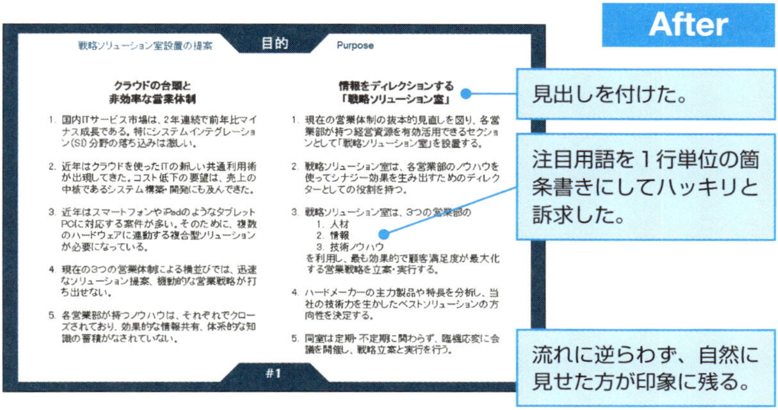

3-6

【流れ】読み手の「視線の流れ」を作る

作り手の狙い通りに読んでもらう

自分が構築したストーリーは、読み手になぞるように読んで（見て）もらうことで、正しく意図が伝わります。それには「このような順番で読んでください」と、読み手にわからせなければなりません。つまり、**読み手の視線を誘導する必要があります**。

一般には、「上から下へ」「左から右へ」と読ませるのが基本です。読み手が紙面に目を向けて、真っ先に目に入るのは左上です。

したがって、左上側を意識して見出しを置けば、自然と視線が見出しから本文に流れるようになります。紙面上ではＺ型の視線の動きになります。

構成や見せ方によっては、Ｔ型やＨ型といった読ませ方でも構いません（右ページを参照）。ストーリーを構成する情報要素の種類とボリューム、訴求したい文言によって、そのレイアウトは変わりますので、訴求効果が高まるような型を選んで作るといいでしょう。

ただし、いずれの場合も、視線の自然な流れに逆らわないようにしてください。

ここまでは紙面全体を考えた場合ですが、部分に焦点を当てても考え方は同じです。図解は円形であれば時計回り、時間軸を表すなら左から右、下降やマイナスを表すなら上から下へ読ませるのが自然です。もし、キーワードの横に置いた写真の人物が反対方向を向いていたらどうでしょう。一体感が感じられず、ネガティブな評価が下される可能性があります。やはりここは、要素同士を向かい合わせることで関連が密になり、意図するメッセージが輝きを放ちます。

ある要素から次の要素へ、読み手の視線がスムーズに流れる。

ストーリーを構成する図やグラフが、違和感なく理解できる。

矛盾のない論旨を組み立て、それに沿った視線の流れをレイアウトに施せば、自ずとわかりやすい資料に近づいていきます。

視線が自然に動くことが大切

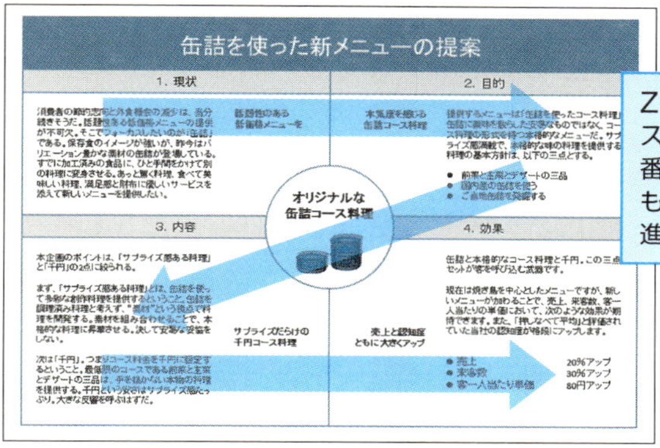
缶詰を使った新メニューの提案
1. 現状
消費者の節約志向と外食機会の減少は、当分続きそうだ。話題性ある低価格メニューの提供が不可欠。そこでフォーカスしたいのが「缶詰」である。保存食のイメージが強いが、昨今はバリエーション豊かな素材の缶詰が登場している。すでに加工済みの食品に、ひと手間をかけて別の料理に変身させる。あっと驚く料理、食べて美味しい料理、満足感と財布に優しいサービスを添えて新しいメニューを提供したい。
話題性のある
低価格メニューを
2. 目的
本気度を感じる
缶詰コース料理
料理の基本方針は、以下の三点とする。
前菜と主菜とデザートの三品
オリジナルな
缶詰コース料理
3. 内容
本企画のポイントは、「サプライズ感ある料理」と「千円」の2点に絞られる。
大きな反響を呼ぶはずだ。
サプライズだらけの
千円コース料理
4. 効果
売上と認知度
ともに大きくアップ
缶詰と本格的なコース料理と千円。この三点セットが客を呼び込む武器です。
現在は焼き鳥を中心としたメニューですが、新しいメニューが加わることで、売上、来客数、客一人当たりの単価において、次のような効果が期待できます。また、「押しなべて平均」と評価されていた当社の認知度が格段にアップします。
20%アップ
30%アップ
80円アップ

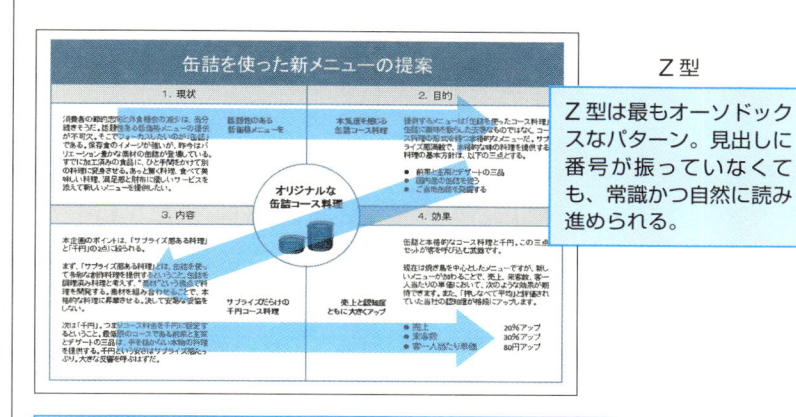

Z型

Z型は最もオーソドックスなパターン。見出しに番号が振っていなくても、常識かつ自然に読み進められる。

どのような構成でストーリーを組み立てるか、また使用する情報の要素によって、型を使い分ける。読み手が納得する、最も効果的でしっくり来る型を見つけることが大事（この型は便宜上の分類）。

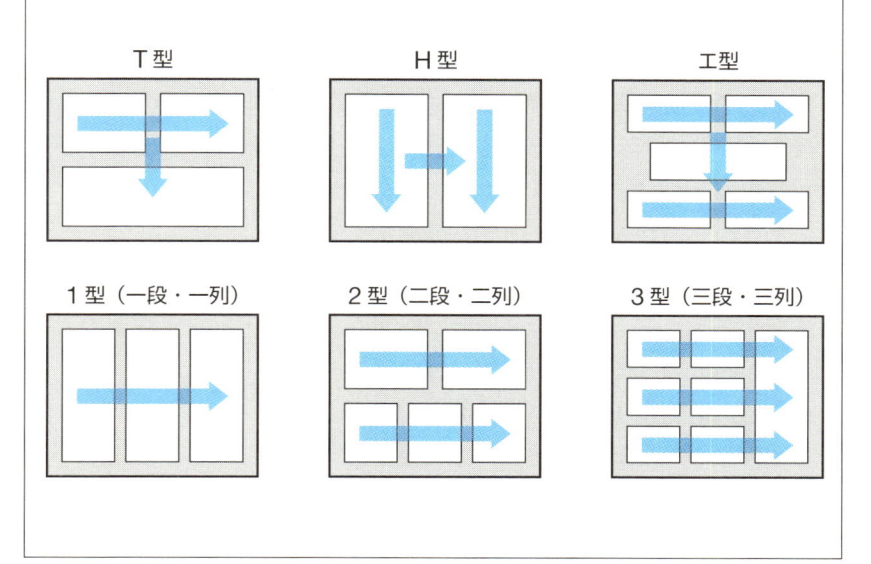

T型

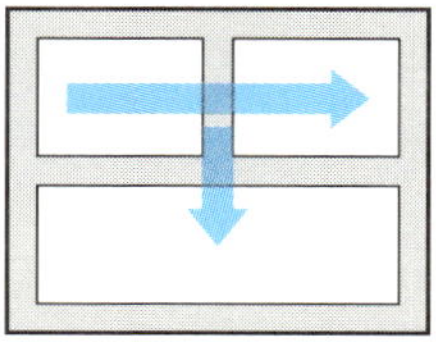

H型

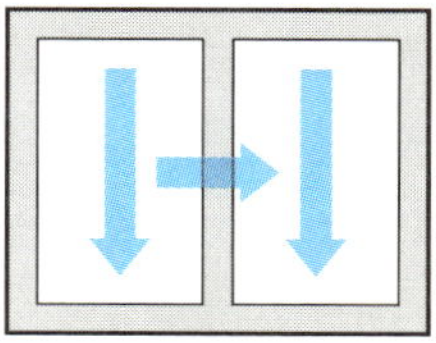

工型

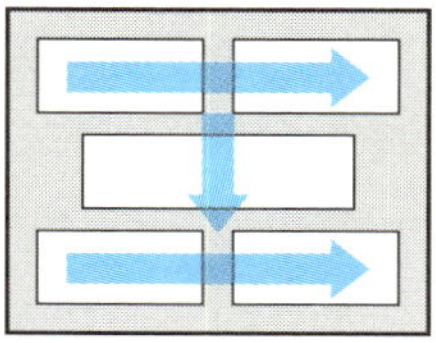

1型（一段・一列）

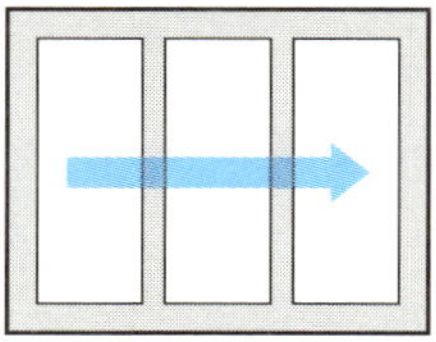

2型（二段・二列）

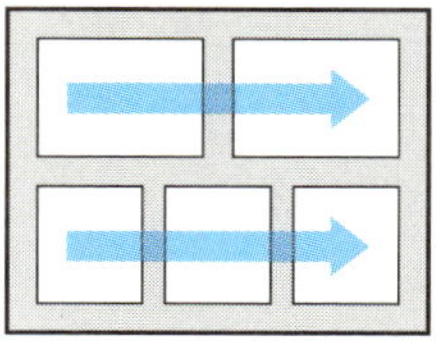

3型（三段・三列）

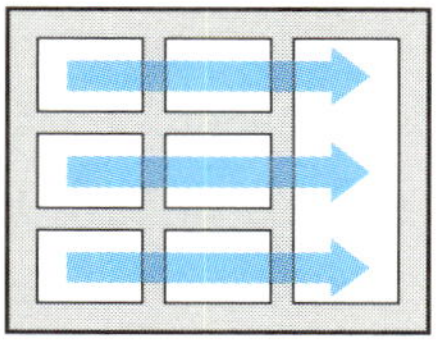

3-7

【グループ化】伝える情報にまとまりを持たせる

意味のあるまとめ方をする

私たちは多くの情報を伝えたいと考えます。情報の量に、安心感が比例するからです。文章と図でいっぱいになった紙面は、汲々として落ち着きません。また、同じことを書いてしまうのもよくあるパターンです。読み手にしてみれば、くどいと感じるでしょう。

改善するためには、情報をまとめることです。いわゆる「グループ化」です。グループ化は、似た情報をくくり、メッセージを明確にする作業です。

例えば、食材発掘商談会の開催企画書。テーマ、日時、会場、募集方法、告知手段、問い合わせなど、整理して提案する事柄は多くあります。「四季の野菜再発見」という「企画テーマ」を用意し、

「企画意図」に「季節に合った食材」「四季折々で食べる食材」

「企画概要」に「季節に合った野菜を選ぶ」「食材の誕生月を知る」

といった、同じような意味の文言が繰り返し出てきたらどうでしょう。脈略なく書かれている感じがして、企画自体に不安定さを感じてしまいます。

ここでは「企画意図」で四季と食材の関係を端的な一言で表し、「企画概要」では商談会の実行内容に絞れば、それぞれの項目で記述する役割が明確になります。言いたいことや属性でグループ化することが、まとまりのある情報の見せ方になります。

【グループ化の手順】

①情報をグループ分けする……同じ情報や似たもの同士をまとめます。ただし、このままでは情報量は変わりません。

②共通項を取り出す……必要なものだけを残します。情報がスッキリして大事なメッセージが見えてきます。

③キーワードや見出しを付ける……共通する文言や要約、キーワードを作ります。紙面のポイントが鮮明になります。

くどさや無意味な表現を避ける

Before

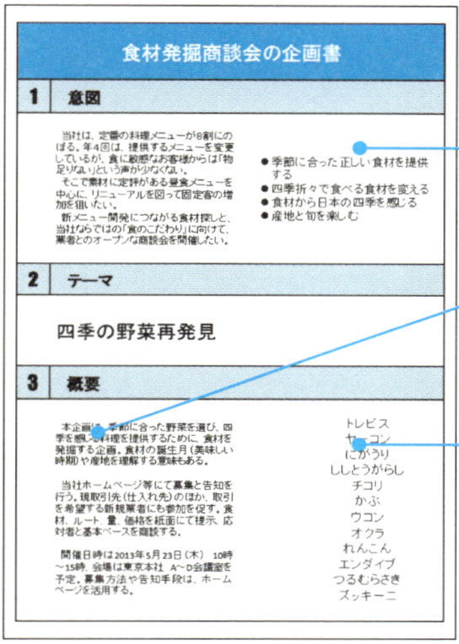

食材発掘商談会の企画書

1 意図

当社は、定番の料理メニューが8割にのぼる。年4回は、提供するメニューを変更しているが、食に敏感なお客様からは「物足りない」という声が少なくない。
そこで素材に定評がある昼食メニューを中心に、リニューアルを図って固定客の増加を狙いたい。
新メニュー開発につながる食材探しと、当社ならではの「食のこだわり」に向けて、業者とのオープンな商談会を開催したい。

- 季節に合った正しい食材を提供する
- 四季折々で食べる食材を変える
- 食材から日本の四季を感じる
- 産地と旬を楽しむ

2 テーマ

四季の野菜再発見

3 概要

本企画は、季節に合った野菜を選び、四季を感じる料理を提供するために、食材を発掘する企画。食材の誕生月（美味しい時期）や産地を理解する意味もある。

当社ホームページ等にて募集と告知を行う。現取引先（仕入れ先）のほか、取引を希望する新規業者にも参加を促す。食材、ルート、量、価格を紙面にて提示、応対者と基本ベースを商談する。

開催日時は2013年5月23日（木） 10時～15時、会場は東京本社 A～D会議室を予定。募集方法や告知手段は、ホームページを活用する。

トレビス
ヤーコン
にがうり
ししとうがらし
チコリ
かぶ
ウコン
オクラ
れんこん
エンダイブ
つるむらさき
ズッキーニ

似たような文言がいくつも並び、くどさを感じる。

ここでも同じような言葉が多く使われている。

意味もなく列挙された野菜名の一覧。

After

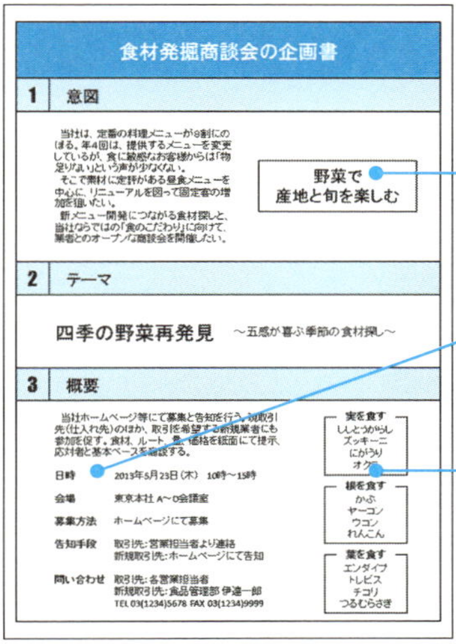

食材発掘商談会の企画書

1 意図

当社は、定番の料理メニューが8割にのぼる。年4回は、提供するメニューを変更しているが、食に敏感なお客様からは「物足りない」という声が少なくない。
そこで素材に定評がある昼食メニューを中心に、リニューアルを図って固定客の増加を狙いたい。
新メニュー開発につながる食材探しと、当社ならではの「食のこだわり」に向けて、業者とのオープンな商談会を開催したい。

野菜で
産地と旬を楽しむ

2 テーマ

四季の野菜再発見 ～五感が喜ぶ季節の食材探し～

3 概要

当社ホームページ等にて募集と告知を行う。現取引先（仕入れ先）のほか、取引を希望する新規業者にも参加を促す。食材、ルート、量、価格を紙面にて提示、応対者と基本ベースを商談する。

日時	2013年5月23日（木） 10時～15時
会場	東京本社 A～D会議室
募集方法	ホームページにて募集
告知手段	取引先：営業担当者より連絡 新規取引先：ホームページにて告知
問い合わせ	取引先：各営業担当者 新規取引先：食品管理部 伊達一郎 TEL 03(1234)5678 FAX 03(1234)9999

実を食す
ししとうがらし
ズッキーニ
にがうり
オクラ

根を食す
かぶ
ヤーコン
ウコン
れんこん

葉を食す
エンダイブ
トレビス
チコリ
つるむらさき

企画の「意図」を代弁するキーワードで端的に表現。言いたいことがハッキリする。

商談会の具体的な実行内容を箇条書きで記すと、「概要」がスッキリする。

食べる部分（実・根・葉）で野菜をグループ化した。食べ頃の季節や有名な産地で分けても面白い。

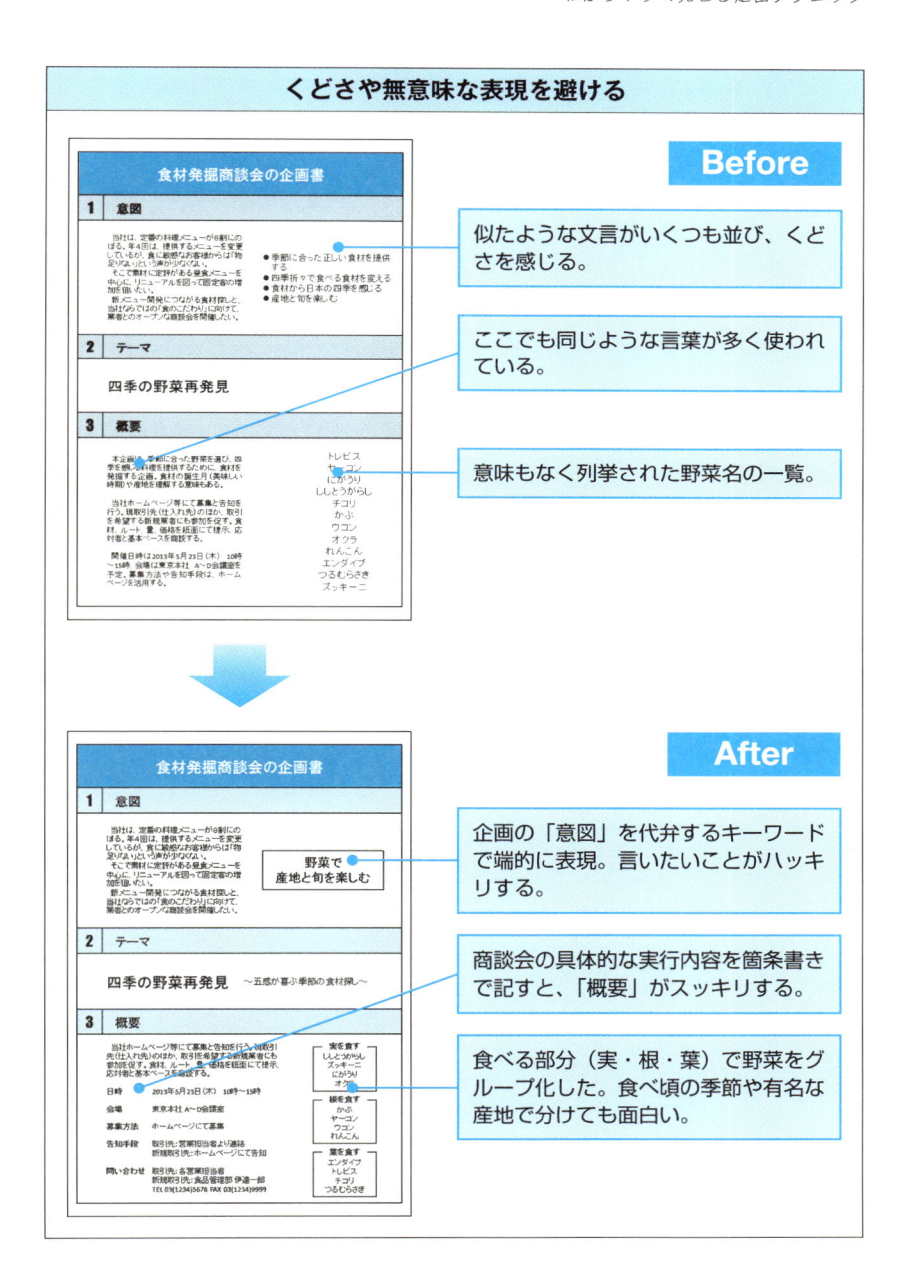

【強調】強調と抑制のバランスを取る

3-8 目立たせるのは一箇所でいい

資料を手に取って、あなたが最初に取る行動は何でしょう。大抵の人は、紙面全体をパッと眺めて絵画のように見るのではないでしょうか。人によってはパラパラとページの構成を確認する人もいるでしょう。紙面の左上から順番に読み始める人は、たぶん多くはありません。

これを考えると、瞬時に「どこが重要なのか」を感じさせる工夫は大切です。パッと見てポイントがつかめることは、これから資料を読もうとする読み手の意欲を後押しするからです。

「ここが重要です！」と目立たせる箇所とは、ページ内の最も伝えたいメッセージがあるところです。できれば、**１ページに一箇所だけ目立たせるのがベスト**です。「１つ」であれば、見つけやすいことは言うまでもありません。囲み枠を付ける、白抜き文字にする、色を付ける、吹き出しで見せるなど、要素を目立たせるにはいろいろな方法があります。どれがいいというより、レイアウトにおける要素間のバランスで判断する必要があります。

ただ、注意点を１つ。キーワードを物理的に大きく見せればそこに目が行きますが、ほかの要素も大きくしてしまうと、そこは目立たなくなります。強調したい箇所を大きくしたら、その以外は標準以下にするのが賢明です。

また、箇条書きの１行ずつ、言葉単位で色を付けると、重要箇所が多過ぎて、結局何を言いたいのかわからなくなります。強調したい文言１つに色を付けたら、ほかは色を付けないようにしましょう。

目立たせる箇所は本当に必要な一箇所に絞り、それ以外は目立たせない。この強調と抑制のバランスに気を付ければ、相対的に一箇所だけが浮かび上がり、目立つようになります。これは「メリハリを付ける」ということです。大胆にハッキリと、情報の扱いに差を付けてメリハリを付ければ、ひと目で違いが際立つようになります。

むやみに目立たせようとしてはダメ

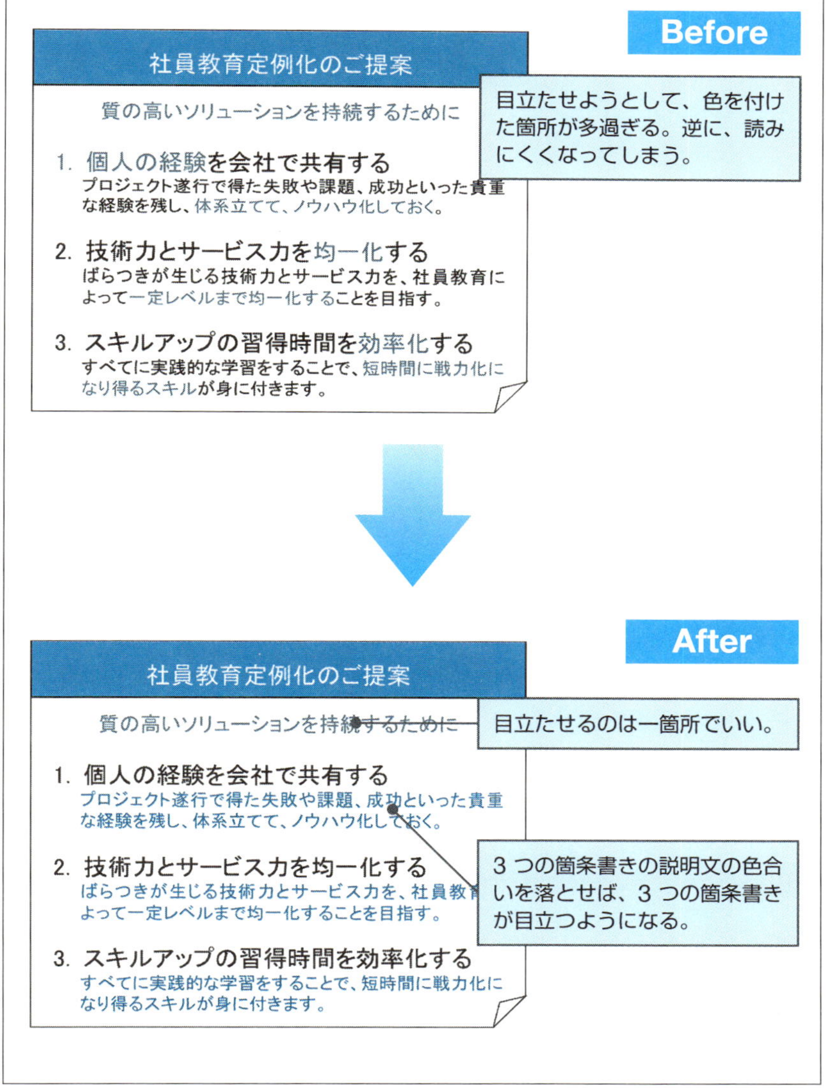
Before
社員教育定例化のご提案
質の高いソリューションを持続するために
1. 個人の経験を会社で共有する
プロジェクト遂行で得た失敗や課題、成功といった貴重な経験を残し、体系立てて、ノウハウ化しておく。
2. 技術力とサービス力を均一化する
ばらつきが生じる技術力とサービス力を、社員教育によって一定レベルまで均一化することを目指す。
3. スキルアップの習得時間を効率化する
すべてに実践的な学習をすることで、短時間に戦力化になり得るスキルが身に付きます。
目立たせようとして、色を付けた箇所が多過ぎる。逆に、読みにくくなってしまう。
After
社員教育定例化のご提案
質の高いソリューションを持続するために
目立たせるのは一箇所でいい。
1. 個人の経験を会社で共有する
プロジェクト遂行で得た失敗や課題、成功といった貴重な経験を残し、体系立てて、ノウハウ化しておく。
2. 技術力とサービス力を均一化する
ばらつきが生じる技術力とサービス力を、社員教育によって一定レベルまで均一化することを目指す。
3. スキルアップの習得時間を効率化する
すべてに実践的な学習をすることで、短時間に戦力化になり得るスキルが身に付きます。
3 つの箇条書きの説明文の色合いを落とせば、3 つの箇条書きが目立つようになる。

3-9

【余白】心地よいスッキリ感を生み出す

余白は大切なデザインの要素

皆さんは、「ミセス」や「Pen」といった雑誌をご存知ですか？初めて見る人は「イイ感じだなぁ」と思うことでしょう。実はこれ、ゆったりと**「余白」**を取ってあるレイアウトだからです。

余白とは、意図的に何もない部分を作り、紙面のバランスや雰囲気をコントロールするもので、**「ホワイトスペース」**とも呼ばれます。

前述したように、私たちは紙面に空きがあると、「何か入れないと……」と不安になり、大して重要でもないのに文章やイラストを入れてしまいがちです。ここはグッと気持ちを抑えて、余白を作るようにすると、次のようなメリットが得られます。

◎高級感やハイクオリティ、洗練された印象が強くなる

◎余白を対比させることで、構成要素の密度を高く見せられる

◎効果的な余白は、文章や写真などの使用要素を際立たせる

余白は“埋めるべき場所”ではありません。文章や写真、グラフと同様に、大切なデザインの要素なのです。意図的に、効果的に余白を使うことは、読みやすいレイアウトにつながるだけでなく、紙面上の要素の優先順位をハッキリさせて、読み手の視線をメインの要素へ誘導してくれます。つまり、余白は、資料の作り手のメッセージを磨くツールといえます。

余白は紙面の天地左右で目に付きますが、文字列と文字列、段落と段落、写真とキャッチコピー、図形といったさまざまな要素間に作ることができます。それぞれのサイズを変形・調整して余白を生み出すこともできます。

段落の始まりは1字下げ、段落間は1行空ける、見出しと本文は1行空けるなど、オーソドックスな基本形のようなものはありますが、細部においては、分かりやすさを優先して判断すればいいでしょう。余白は大切なデザインの要素と認識してください。

要素の密集と散在のバランスを図る

Before

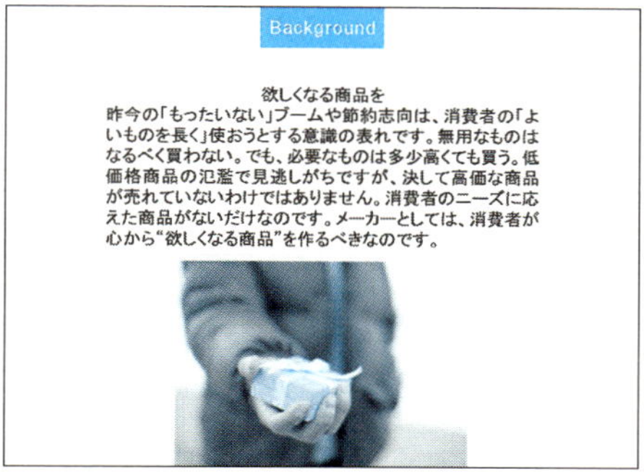
Background
欲しくなる商品を
昨今の「もったいない」ブームや節約志向は、消費者の「よいものを長く」使おうとする意識の表れです。無用なものはなるべく買わない。でも、必要なものは多少高くても買う。低価格商品の氾濫で見逃しがちですが、決して高価な商品が売れていないわけではありません。消費者のニーズに応えた商品がないだけなのです。メーカーとしては、消費者が心から“欲しくなる商品”を作るべきなのです。

見出しと本文がくっついて読みにくい。

After

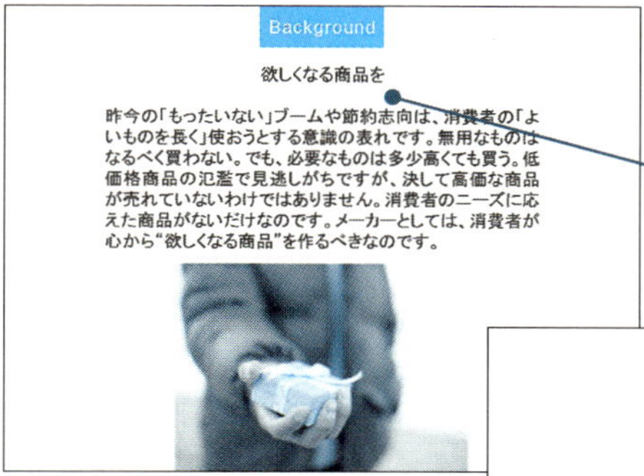
Background
欲しくなる商品を
昨今の「もったいない」ブームや節約志向は、消費者の「よいものを長く」使おうとする意識の表れです。無用なものはなるべく買わない。でも、必要なものは多少高くても買う。低価格商品の氾濫で見逃しがちですが、決して高価な商品が売れていないわけではありません。消費者のニーズに応えた商品がないだけなのです。メーカーとしては、消費者が心から“欲しくなる商品”を作るべきなのです。

1行空けて余白を作った例。たったこれだけで見出しが目立ち、本文と区別できるようになる。

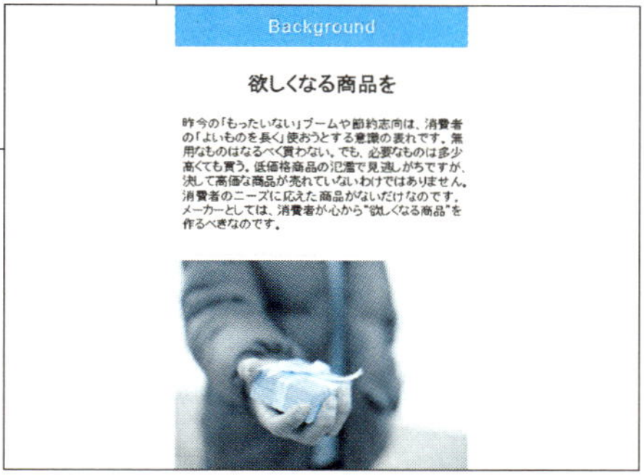
Background
欲しくなる商品を
昨今の「もったいない」ブームや節約志向は、消費者の「よいものを長く」使おうとする意識の表れです。無用なものはなるべく買わない。でも、必要なものは多少高くても買う。低価格商品の氾濫で見逃しがちですが、決して高価な商品が売れていないわけではありません。消費者のニーズに応えた商品がないだけなのです。メーカーとしては、消費者が心から“欲しくなる商品”を作るべきなのです。

要素を中央に集め、左右に等しく余白を取った例。見出しと段落の余白が均一なため、高級感が感じられる。

3-10 【配色】読み手の立場から配色を考える
色のイメージを理解して使う

色の選び方ひとつで資料の印象がガラッと変わります。読み手を納得させる資料の良し悪しに、色は極めて重要な役割を担います。読み手が、紙面に使われている色から受ける心理的影響は大きく、その意味で色はメッセージそのものと言ってもいいでしょう。

紙面のメッセージを正確に、強く伝えるために、どのような色を選ぶかは非常に大きな問題です。

色を配置して紙面のイメージを構成する**「配色」**という作業は、一見個人的なセンスで行われるように見えます。しかし、実際はメッセージに合う適切な色を選択することが求められる作業です。

色には、それぞれが持つイメージや役割があります。赤は情熱的でパワーを感じ、青は空や海をイメージしてさわやかさを感じます。天然素材やアウトドアを訴求するなら、「安らぎ」や「自然」がイメージできる緑を使うと効果的です。このように色が持つイメージを理解しておくと、配色のバリエーションが広がります。

さて、色についての説明は広く深く及ぶため、詳細は他書に譲ります。資料作りにおいては、あまり神経質にならず、次の３点を特に意識して配色してください。過剰にならずわかりやすい配色に仕上がるはずです。

①使う色は２～３色まで

②同系色でまとめて濃淡で差異を付ける

③強調したい個所にだけ濃い色を使う

なお、「パワーポイント」にはスライドのデザインである「テーマ」、色の組み合わせである「配色」の機能が用意されています。このテーマや配色を適用すると、図形の塗りつぶしや文字色のカラーパレットも対応する配色に変わります。この中から色を選べば、大きな失敗は生じません。

「テーマ」を使えば、配色がラクになる

Before

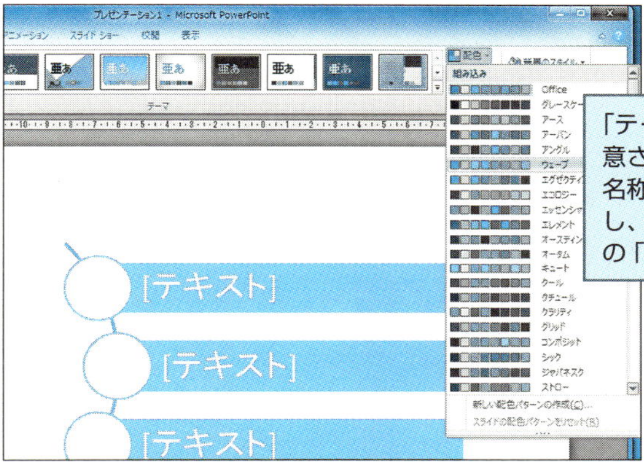

「テーマ」ごとの配色が用意されている。メニューの名称は、色のテイストを表し、標準では［Office］の「テーマ」が設定される。

After

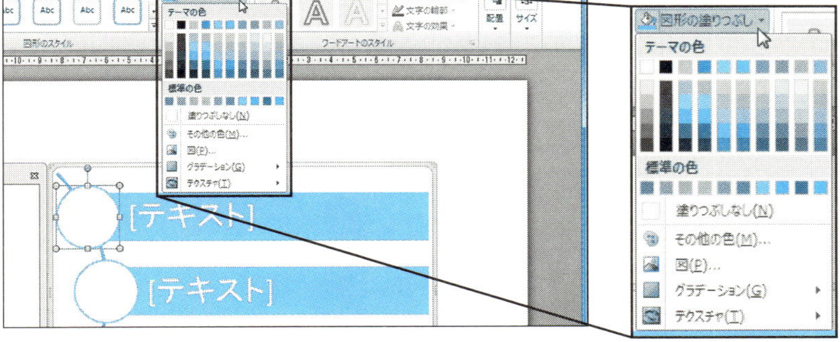

使用するカラーパレットは、適用した「テーマ」が用意している配色が、自動的に表示される。

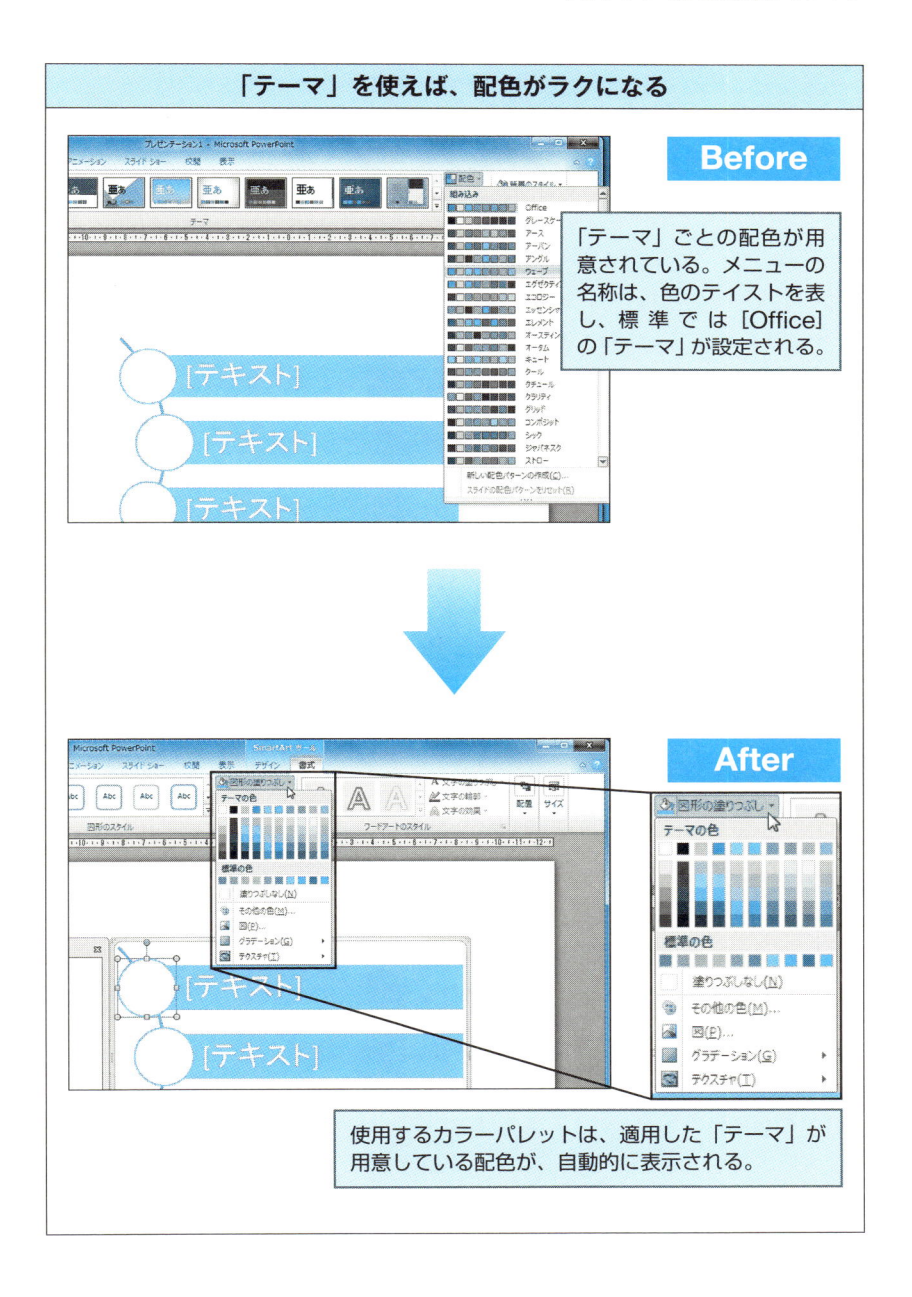

【統一感】統一感のあるビジュアルを作る

3-11 ルールを作ってバラバラ感をなくす

人の目を意識すると、「きれいに作らないと……」と考えがちです。でも、ビジネス資料ではデザインとしてのクオリティーより、主旨が正しく伝わることのほうがはるかに重要です。**そのためには、「統一感」のあるビジュアルを作るに限ります。**

見た目で「なんかいい感じ」と思わせる資料は、例外なく統一感があります。紙面に配置した要素がうまく調和して、共有したメッセージ性を感じさせてくれます。ビジュアルに統一感を持たせると、資料の見栄えがよくなるだけでなく、読み手が安心感を持って気持ちよく目を通してくれます。

統一感のあるビジュアルは、紙面上にルールを設けることで作れます。例えば、ページをめくったときに、同じ位置に同じ大きさで見出しやメッセージがあると、読み手は「ここに目を通せば、大体わかりそうだ」となります。

メイン図解に円を使うなら、そのほかの要素にも丸みのある図形を使うと、まとまりが感じられるようになります。メインタイトルの飾りに四角形を使うなら、全体を矩形ブロックや直線でレイアウトした方が引き締まって見えます。ほかにも、

◎社名ロゴやアイキャッチを同じ位置に入れる
◎罫線や飾り枠は同じ種類のものを使う
◎グラフを置く位置は左側、説明は右側にする
◎イラストのテイストを複数混在させない

といったルールに則って作成すれば、統一感のあるビジュアルになります。注意するポイントは、とにかく寄せ集めの印象にならないように。バラバラ感でデザインの調和が崩れると、メッセージが正しく伝わりませんし、読む気力も削がれてしまいます。資料を作り終えたら、統一感があるかどうかを必ずチェックしてみてください。

ルールがあると、要素間の調和が取れる

Before

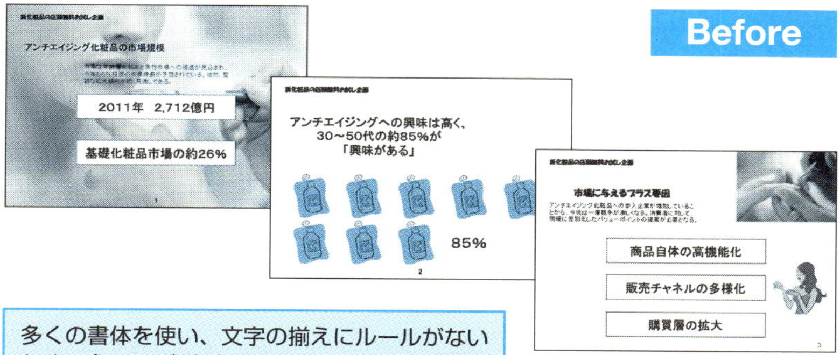

多くの書体を使い、文字の揃えにルールがないため、各ページがバラバラ。イラストと写真も混在して使っている。

After

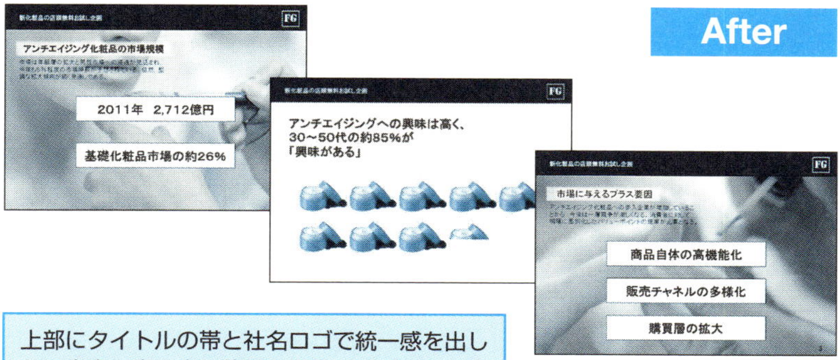

上部にタイトルの帯と社名ロゴで統一感を出した。文章の書き出し位置を揃え、ビジュアル素材は写真だけとした。とても調和が取れている。

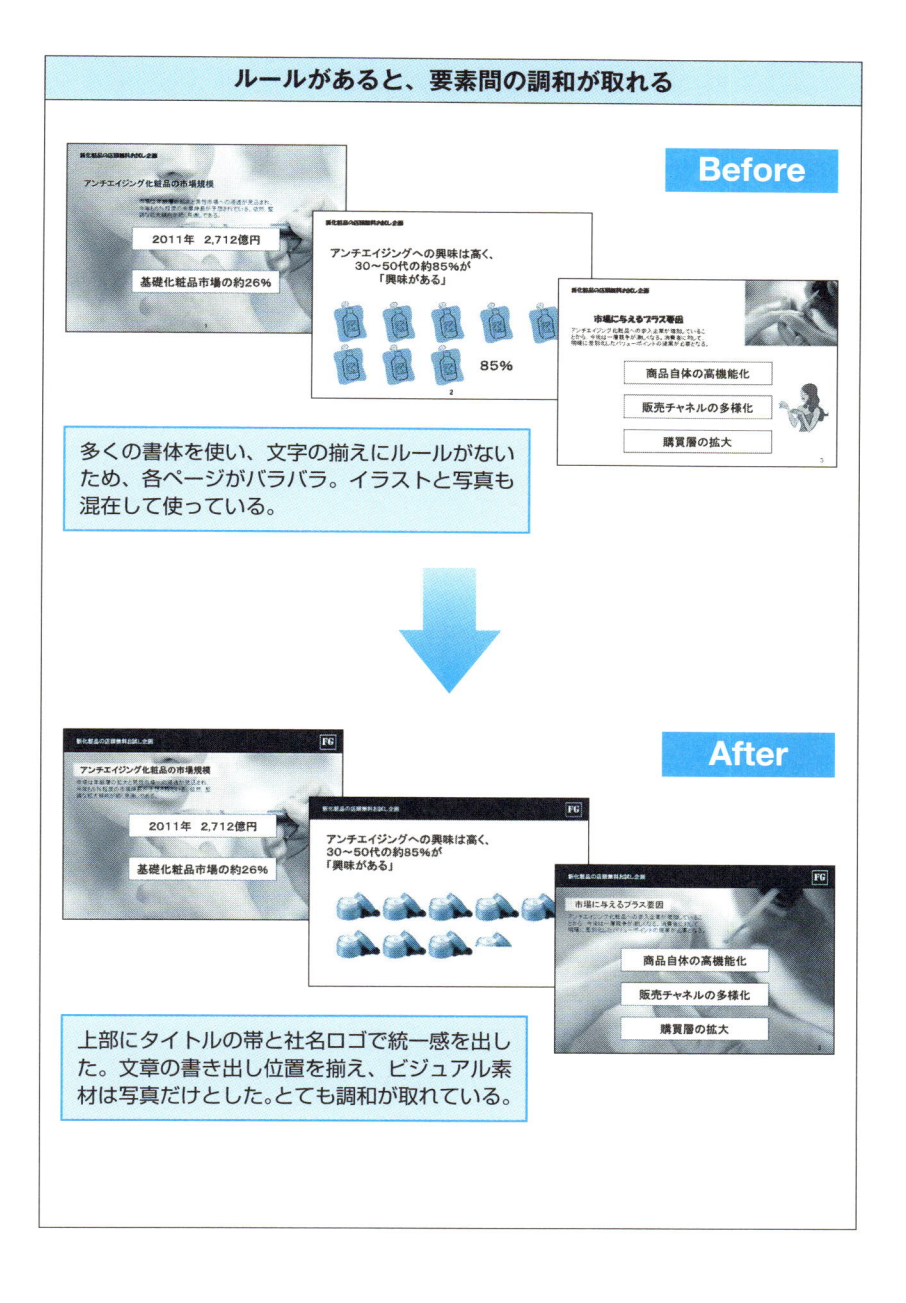

3-12

【整列】配置した要素を規則正しく揃える

整列によって安定感を出す

資料は文字や写真、図形やグラフ、そして表といったさまざまな要素から構成されます。ちょっとしたブリーフミーティング用の資料でさえ、図形を入れてコンセプトを説明したり、列挙するリストを表組みでまとめます。これらの要素はいろいろな形をしていますので、安易に配置するとデコボコになります。このままでは整理感に乏しく、情報そのものに不安を感じさせてしまいます。

各要素が規則正しく並んでいると、きれいに見えるだけでなく安心感が生まれます。これは伝わる資料にするための大きな要因です。

◎見出しと本文の読み出し位置が揃っている
◎横に並んだ項目名の上下の位置が揃っている
◎図内のキーワードが天地の中心に置かれている

このような要素を整列させるだけの少しばかりの努力が、紙面に安定感と読み手に安心感を与えるのです。

要素を整理整頓してきれいに見せるには、配置するときの基準点となる**「仮想線」**を用意するといいでしょう。仮想線とは、読み手の視線を誘導するための“実線ではない”仮の線をいいます。縦や横に一本の線を想像し、その仮想線に文字や図形の並びを揃えるのです。考えられた図形や文字の並びは整理感と統一感を生み、紙面の表情を作り上げます。

「パワーポイント」では、配置機能や図形の調整機能を使って、図形の中央揃えや左右整列などを行います。また、グリッド線やガイド線を使えば、画面に方眼用紙のようなマス目が評されますので、これを目安に図形を配置してもいいでしょう。たかが要素の整列ですが、資料の仕上がり具合に格段の違いが出るのも確かです。

並べるだけで情報の安心感が増す

Before

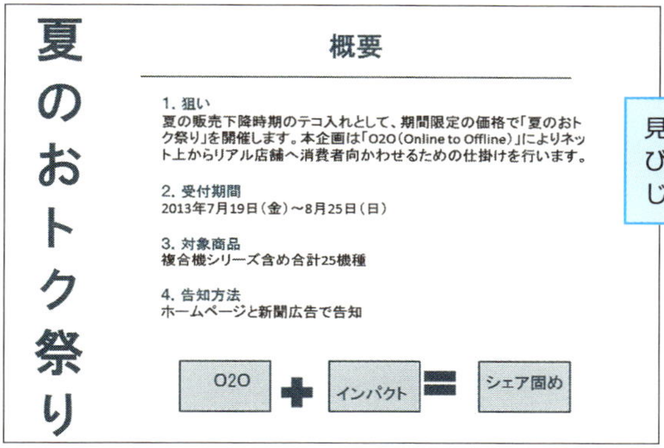

見出しと本文と図形の並びがバラバラで、雑な感じがする。

After

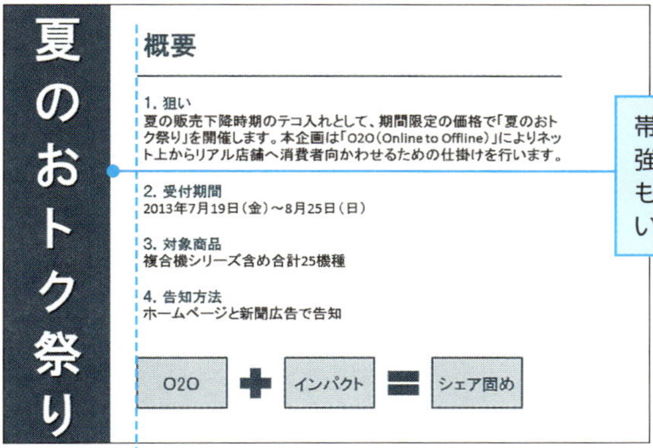

帯を作って縦のラインを強調。整理感が増すとともに、全体を引き締めている。

ここに仮想線を置いて文字と図形をすべて左揃えにした。

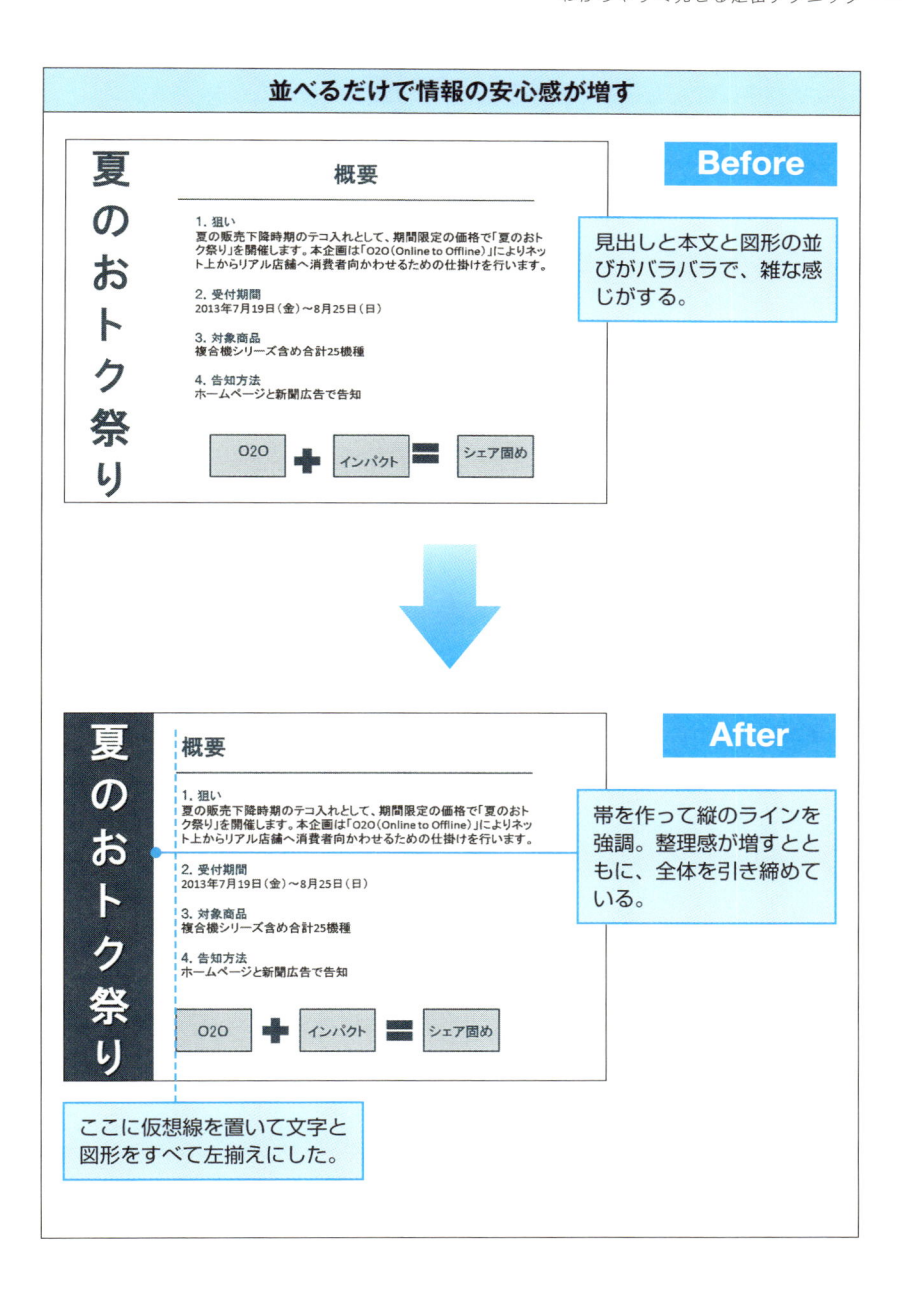

3-13

【表】見やすくきれいな表を作る

情報の整理・分類に便利

ビジネス資料では「表」がよく使われます。表を使うメリットは、多くの情報がきれいに整理・分類できることに尽きます。並べる項目が多いほど、情報整理の労力とセンスが読み手に伝わります。

表は、四角形に縦と横の線を引くだけで簡単にでき上がります。シンプルでありながら、「大量の情報を整理する」「関連する要素を的確に分類する」ことに役立ちます。

「パワーポイント」で表を作るときは、表機能を使って挿入するといいでしょう。図形の「長方形」を使い、対向する四辺の中央部をコネクタで結ぶ方法もありますが、４分割以上の分割は図形同士の調整が厄介になります。

表機能なら、挿入した表の行列の追加・削除、サイズ調整といったレイアウト変更や、セルの塗りつぶしや罫線種の変更も簡単です。

見やすい表を作るには、いくつか方法があります。最上行の列見出し（または最左段の行見出し）を塗りつぶすだけでもアクセントが付き、ずいぶん見やすくなるものです。ほかには、

◎見出しを除く表内の項目は、左揃えを基本にする

◎数値は３桁区切りのカンマを付け、尻揃えにする

◎安定感を出すなら行の高さと列幅を同じくする

といったことです。表内の文字と数値は、通常セルの天地中央に置けばいいでしょう。隣接する罫線への偏りと窮屈さが解消されて安定感が出て、表全体がきれいに見えます。

また、表に大きな見出しや階層を作るような場合は、「セル結合」が便利です。その名の通り、セルを結合することでデータを入力する、縦横のマス目が柔軟に使えるようになり、表の表現力がグッと広がります。このように「整理され」「労力をかけて網羅した」表は、間違いなく読み手が評価してくれます。

少しの工夫で存在感が際立つ

Before

1. 課題

メインターゲットはシニア層

高齢化社会を迎えている日本は、総務省統計局によれば、65歳以上の人口が平成37年には、総人口の28.7%を占める予測をしている。この増え続けるシニア層に対して、快適で質の高いサービスが求められている。

年齢	合計	男性	女性
65～69歳	8236	3938	4299
70～74歳	6921	3201	3720
75～79歳	5759	2503	3256
80～84歳	4163	1622	2542
85歳以上	3608	995	2613

総務省「人口推計月報」 平成21年4月1日確定 単位：千人

罫線で区切っただけの表では、面白みに欠ける。

After

1. 課題

メインターゲットはシニア層

高齢化社会を迎えている日本は、総務省統計局によれば、65歳以上の人口が平成37年には、総人口の28.7%を占める予測をしている。この増え続けるシニア層に対して、快適で質の高いサービスが求められている。

年齢	合計	男性	女性
65～69歳	8,236	3,938	4,299
70～74歳	6,921	3,201	3,720
75～79歳	5,759	2,503	3,256
80～84歳	4,163	1,622	2,542
85歳以上	3,608	995	2,613

総務省「人口推計月報」 平成21年4月1日確定 単位：千人

見出し行に色を付け、文字を白抜きにした。数値は右揃えで 3 桁区切りのカンマを付けた。

縦の罫線は使わず、横の罫線だけでスッキリまとめた。

3-14

【黄金比】安定感のある美しさで表現する

黄金比で紙面をレイアウトする

ここで「黄金比」について話しておきましょう。黄金比とは、調和的で美しいとされる比率のことです。ミロのビーナスやギリシアのパルテノン神殿のほか、最も有名なところでは「モナ・リザ」があります。「モナ・リザ」の顔は、顔の輪郭に沿って接線を引き、その縦と横の直線の長さを測ってみると、黄金比になっていると言われます。

自然界では植物の花弁や貝殻の螺旋構造から、身の回りでは名刺やタバコ、パスポートなど、確かに「バランスがいい」と感じるデザインには、黄金比でできているものが多いようです。

黄金比の比率は「約1.618：1」です。また、長方形の二辺の比が黄金比になっている形を「黄金矩《く》形《けい》」といいます。この黄金矩形に沿って図解を考えれば、安定感があり、美しさを感じるレイアウトにすることができます。

「パワーポイント」の「ページ設定」で指定するスライドサイズは、「A４用紙」の場合は「297mm×210mm」ですから、黄金比率は「約184mm×約113mm」または「約130mm×約80mm」になります。

一方、「画面に合わせる（４：３）」の場合は「25.4cm×19.05cm」ですから、黄金比率は「15.7cm×9.7cm」または「11.8cm×7.3cm」になります。

ただし、工業設計をするわけではありませんから、多少の誤差は無視して結構です。これくらいのサイズで紙面をレイアウトすれば、見た目には黄金比（黄金矩形）で作成できるということです。

紙面全体は言うに及ばず、紙面の一部を占める図解を表現するときも、この黄金比をうまく利用してみてください。きっと、読み手の印象に残るビジュアルを作ることができるようになるはずです。

図形を黄金比で配置する

スライドサイズが
「A4用紙」の場合

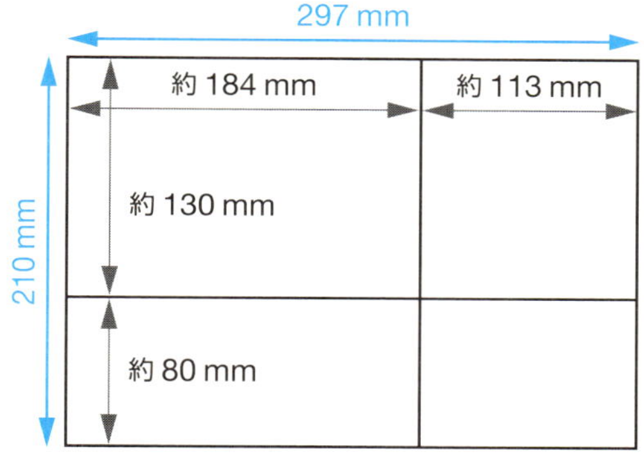
297 mm
約 184 mm
約 113 mm
210 mm
約 130 mm
約 80 mm

スライドサイズが
「画面に合わせる(4:3)」場合

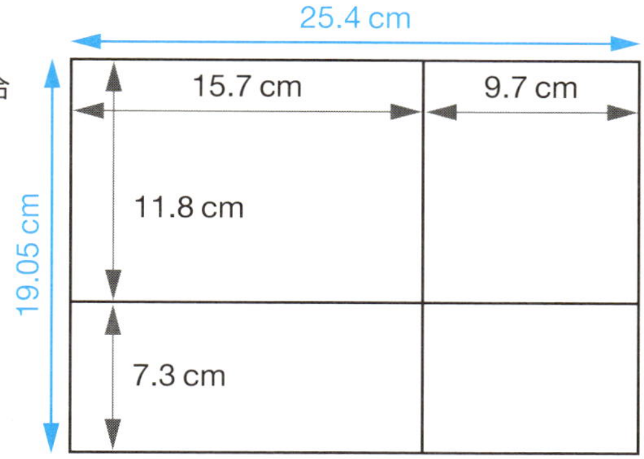
25.4 cm
15.7 cm
9.7 cm
19.05 cm
11.8 cm
7.3 cm

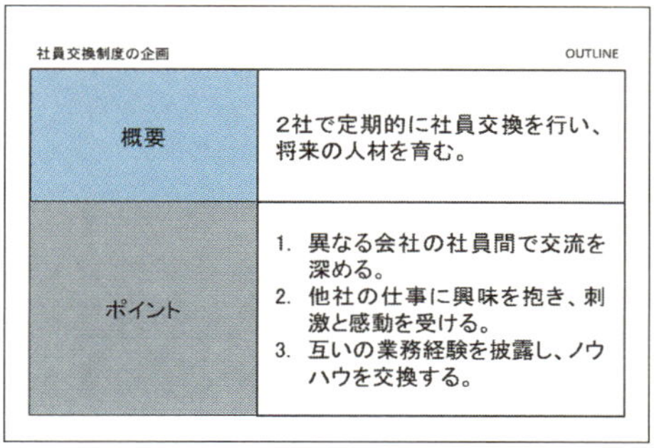
社員交換制度の企画
OUTLINE
概要
2社で定期的に社員交換を行い、将来の人材を育む。
ポイント
1. 異なる会社の社員間で交流を深める。
2. 他社の仕事に興味を抱き、刺激と感動を受ける。
3. 互いの業務経験を披露し、ノウハウを交換する。

上下段、左右段の四角形は、いずれも黄金比で作成。安定感をストレートに伝えるために余分な装飾を排除した。

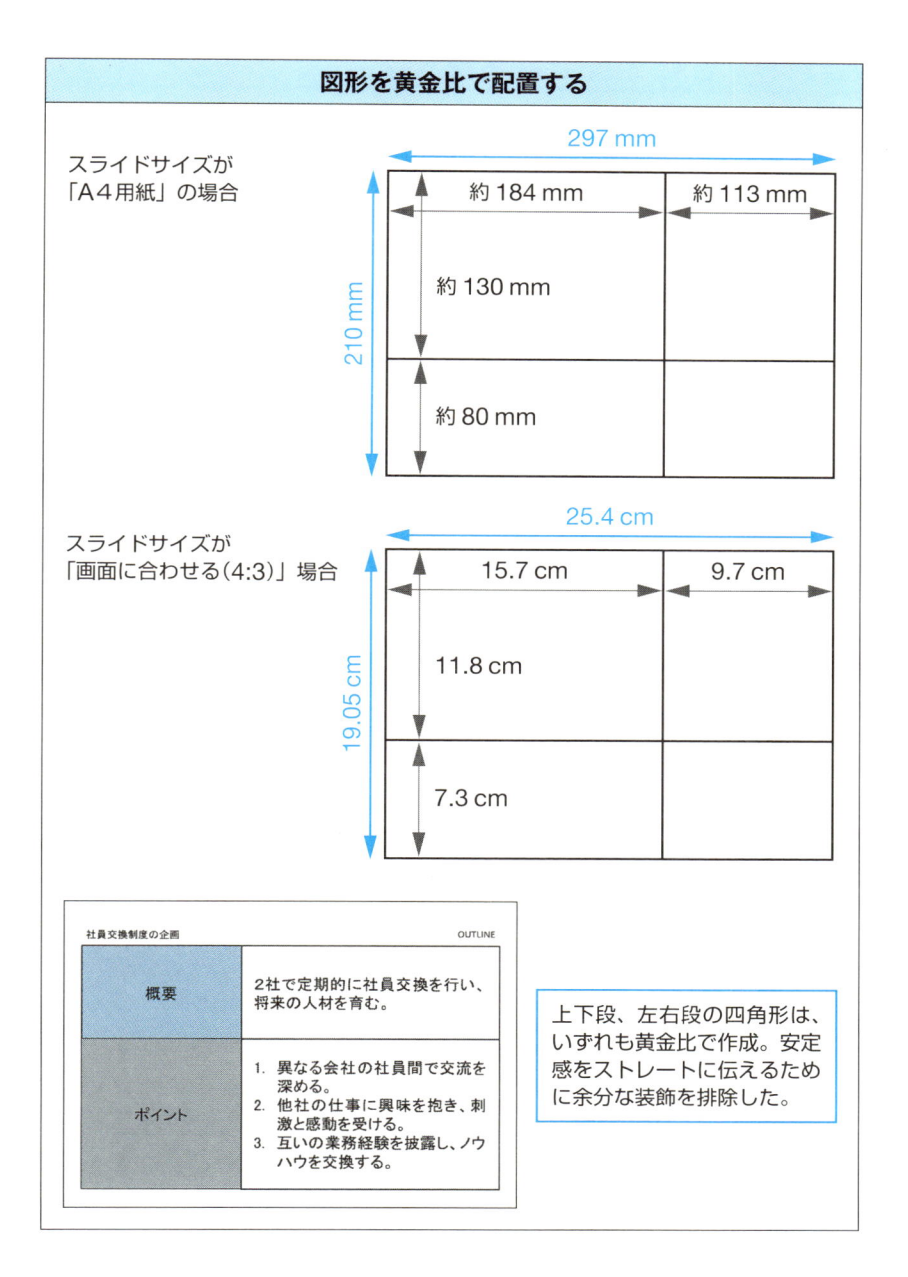

Column 佐藤君パワポで初めての1枚企画書作り　レイアウト編

紙面に全体の流れを描いていく

企画書にはストーリーが必要です。それを読み手がなぞることで主旨が伝わります。自分が考えた主旨を正しく伝えるには、図形などで視線の流れを作り、「このように読んでください」と明示するのがいいでしょう。

(1) ストーリーのカタチを決める

今度はストーリーのカタチを決めましょう。

ストーリーですか？

そう。ストーリーは、読み手を説得するために作る論理的な展開のこと。いわば視線の流れね。

「このような順番で読んでください」と、読み手に伝えるわけですね。

自分が作ったストーリー通りに読んでもらえれば、主旨が正確に伝わって説得力もグッと上がるでしょ。

なるほど。でもどんなカタチにすればいいんですか？

一般に Z 型に情報を配置しておけば、自然と流れるように読めるはずよ。企画書のタイトルもここで入れておいてね。

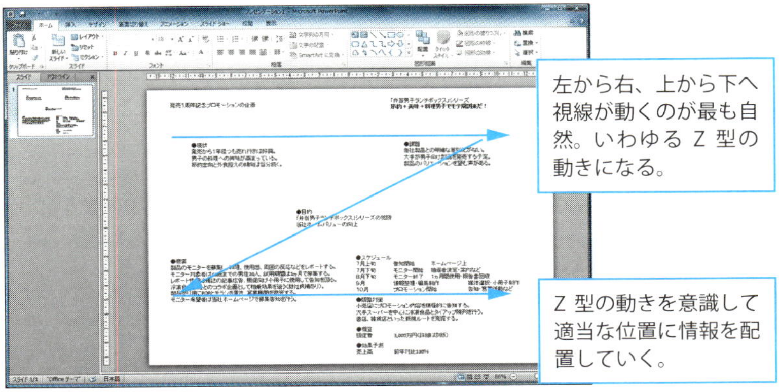
左から右、上から下へ視線が動くのが最も自然。いわゆる Z 型の動きになる。
Z 型の動きを意識して適当な位置に情報を配置していく。

(2) 見出しを作って配置する

こんな感じかな。三田さん、テキストボックスの配置完了です。

OK。今度は、そのテキストボックスの見出しを作りましょう。気の利いた見出しがあると、要約にもなって読み手の誘い水になるから。

見出しは、どこに作ればいいんですか？

テキストボックス内の 1 行目でもいいんだけど、お勧めは別のテキストボックスですぐ上に作ることかな

そっか。後でサイズや色を変えるときに、独立してある方が加工しやすいですよね。

ストーリー作りは試行錯誤するから、見出しの位置が自由に変えられると都合がいいの。キーワードやキャッチコピーに変更したいときでも、その方が融通が利くでしょ。

自由に動かせれば、狭い紙面を有効にレイアウトできますね。

ここでテキストボックスに囲み枠を入れておくと、まとまりが出るわよ。

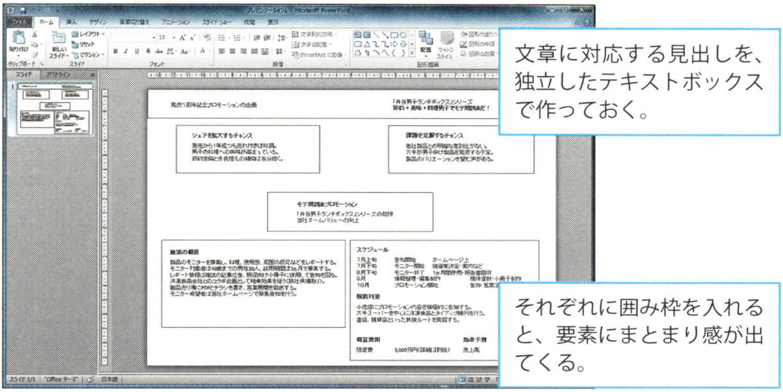
文章に対応する見出しを、独立したテキストボックスで作っておく。
それぞれに囲み枠を入れると、要素にまとまり感が出てくる。
スケジュール
シェアを拡大するチャンス

(3) 図形を使って視線の流れを作る

さあ、いよいよ全体の紙面レイアウトに入るわよ。

全体の紙面レイアウトって、具体的にはどうすればいいんですか？

さっき、Z 型に配置したテキストボックスを「この順番に読んでね」と明示するの。具体的には、矢印や方向図形を使って読み手の視線を導くレイアウトをすることよ。

わかりました。じゃあ、こんな感じですか？

そうそう。さっき配置したテキストボックスを大きな図形で包み込むイメージね。

おっ、何か紙面全体に大きな流れが出てきた感じです。

最後に、テキストボックスが図形内にバランスよく収まるように、位置を調整しておいて。

→128 ページに続く

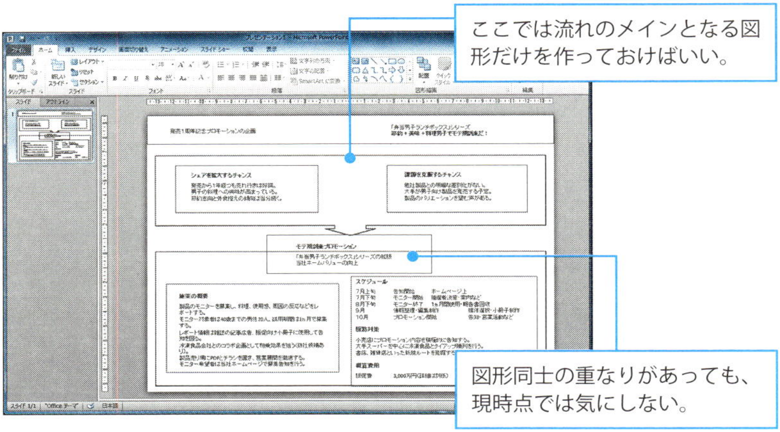
ここでは流れのメインとなる図形だけを作っておけばいい。
図形同士の重なりがあっても、現時点では気にしない。

第4章

ひと目で語らせる図解の作り方

～内容が一望できる図解で、文章ダラダラを一掃する～

4-1

【基本図形】四角形と矢印でここまでできる

複雑にしないでシンプルに描く

文章は「短くてシンプルなほどいい」と述べてきましたが、図解に関しても同じです。ＡとＢの関係を図で表すなら、まずは２つの四角形と矢印だけで表現できます。

例えば、Ａという原因が及ぼすＢという結果、Ａの行動によるＢのリアクション、ＡとＢの相互の関係など、２つの四角形と矢印１本でいろいろな表現が可能です。

特に決まりはありませんが、これらで図解するときは、次のような点を意識して作るといいでしょう。

①四角形は要素、矢印は流れや関係性を表す

②重要な要素、数量が多い要素は大きくする

③関係が密なところは太い線、薄いところは細い線で表す

④文章はできるだけ簡素にしてキーワードで表現する

四角形の代わりに、楕円などを使っても構いません。きっちり見せたいなら四角形を、柔らかく訴求したいなら楕円を使えばいいでしょう。ただし、混在させると統一感が得られませんので、要素の役割を決め、図形のかたちを統一してください。

また、矢印は要素が向かう方向を表しています。互いに向き合う内容であれば、双方向矢印が適切ですし、結び付きを表すなら先端の山形がない直線が合います。

このように基本図形の組み合わせだけでも、十分に図解ができます。一見、複雑そうに見える話も、衣を脱いでいけば四角形と矢印で表せます。図解する場合は、まずはこの２つの図形で組み立ててみましょう。逆に、作成途中の図解が意味不明になってきたら、四角形と矢印に戻してみましょう。表現課題が明確になり、内容が一層ブラッシュアップされていきます。

基本図形だけで図解する

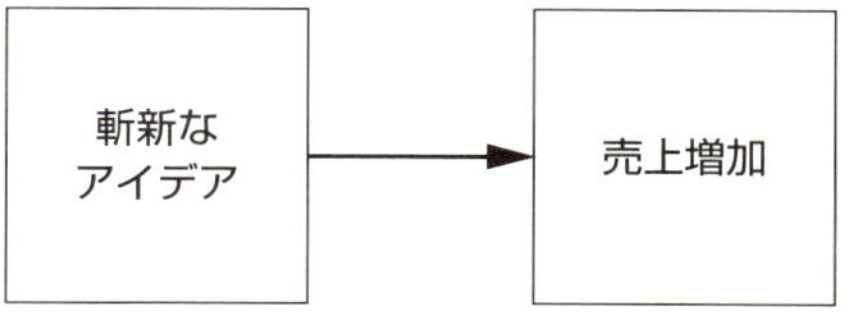
斬新な
アイデア
売上増加

「斬新なアイデア」という原因が「売上増加」の結果を導いている。

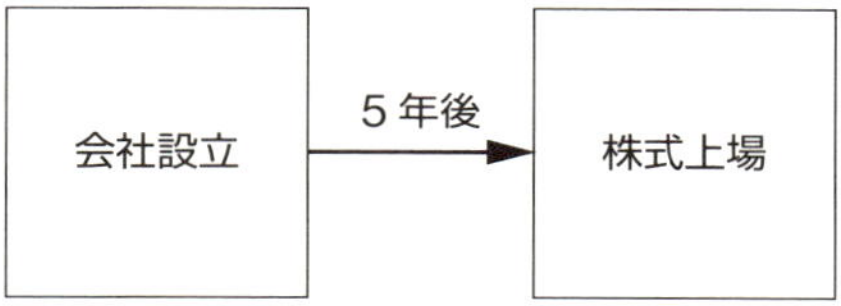
会社設立
5 年後
株式上場

「5 年後」という時間経過による変化を表している。

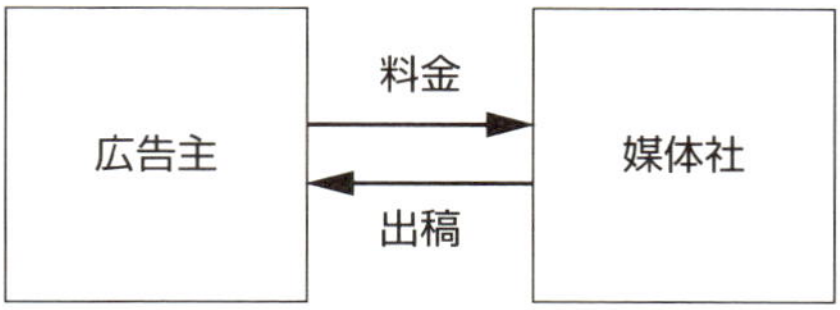
広告主
料金
出稿
媒体社

ビジネスにおけるお互いの行動を表している。

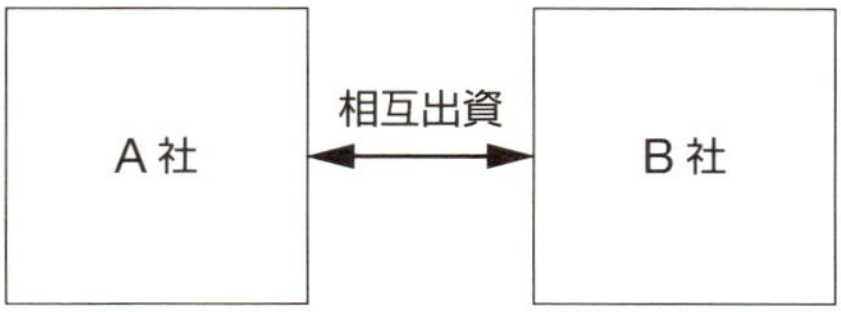
A 社
相互出資
B 社

お互いの同一の関係性を 1 本の矢印で表している。

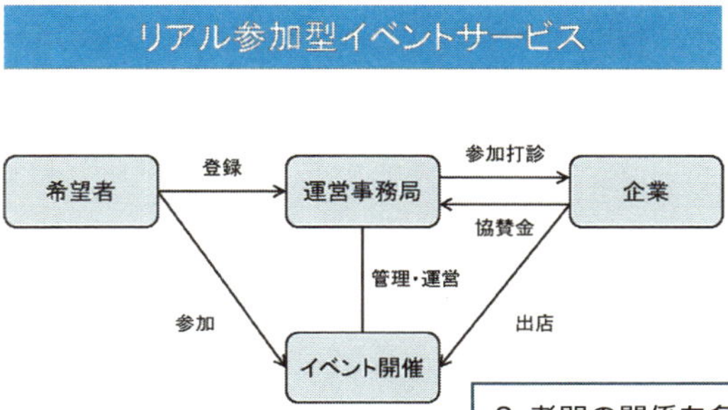
リアル参加型イベントサービス
希望者
登録
運営事務局
参加打診
企業
協賛金
管理・運営
参加
出店
イベント開催

3 者間の関係を各丸四角形を使って表現。ひも解くと、2 つの要素の関係が組み合わさっていること気づく。

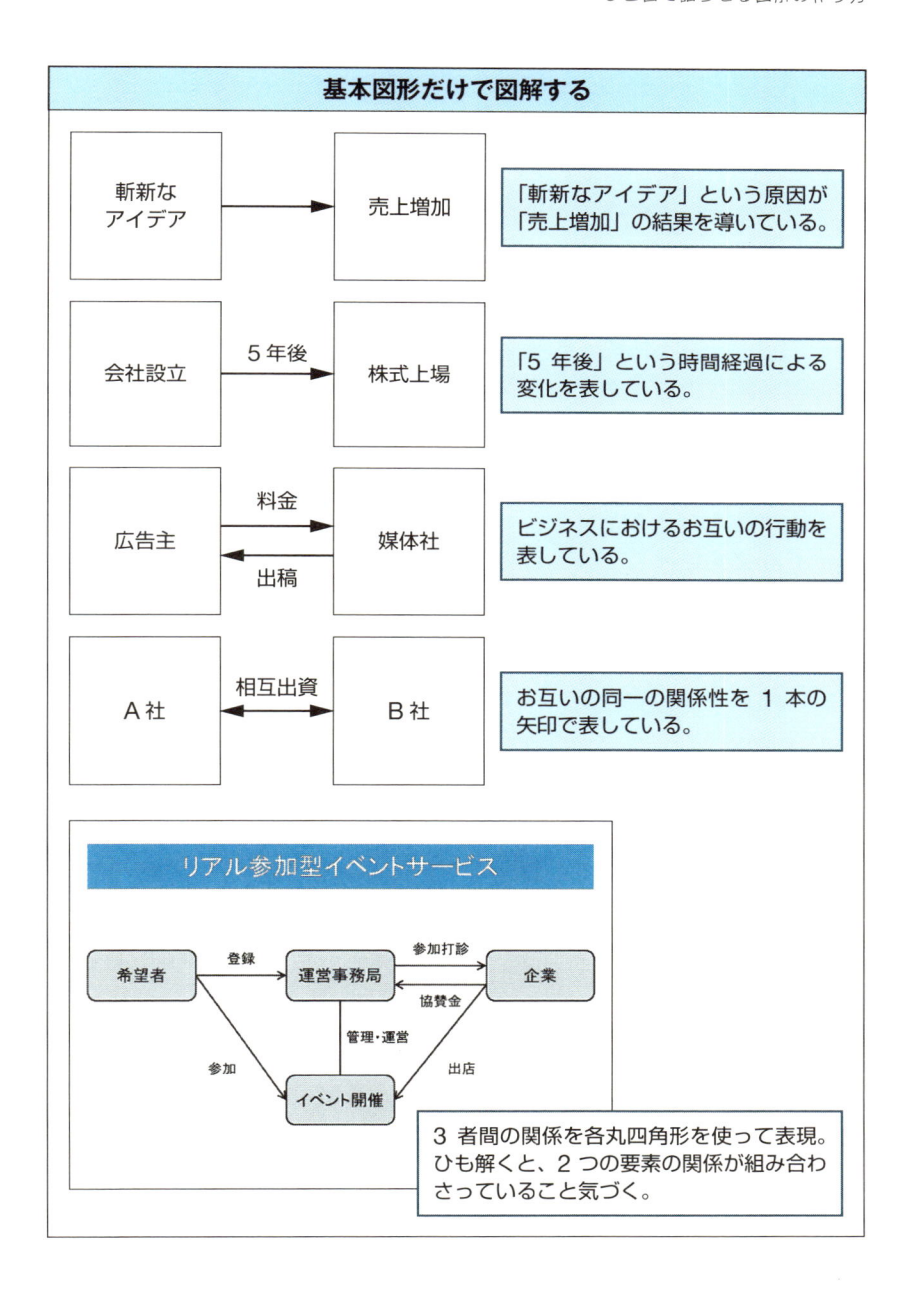

4-2

【SmartArt】コンセプトを表現するベストな手段

適切なグラフィックを選ぶ

プレゼン資料でよく見かける「コンセプト」のページ。一般には「概念」「理念」と訳されますが、企画書や提案書で使用する場合は「全体を貫く基本的な考え方」を意味する場合が多いようです。

コンセプトは企画のキモとなる内容で、ほかのページと矛盾がないようにしなくてはいけません。文章で表すとまわりくどくなり、キーワードだけでは不明瞭、箇条書きは面白みに欠ける。そこでお勧めするのが図解による説明です。

例えば、「住民」「市」「百貨店」の民官合同で開催するフリーマーケットの企画。このコンセプトを「スリー・スクラム・フェス」とし、３つの単語を大きく配置せずに「ベン図」で表現してみましょう。いかにも３者が連携して強く結び付く雰囲気が表現できるはずです。「スリー・スクラム・フェス」という言葉もきれいに響きます。

図解は、使用する図形のかたち、大きさ、角度、配置などによって表情が変わります。つまり、多彩な意図をメッセージに含ませることができますので、読み手が内容のイメージを膨らますのに役立ちます。「市と組むのは面白いな」「百貨店側のメリットはこれか」など、読み手が進んで理解を深めてくれるのです。コンセプトのような概念を説明するには、図解が最も有効な手段といえます。

コンセプトを図解する場合、図形が多くなるとバランスの調整が難しくなります。そんなときは、「パワーポイント」の「Smart Art（スマートアート）」を使うのがベストです。

「Smart Art」は、情報を視覚的に表現するグラフィック機能です。用意されたカテゴリからイメージに合う図形を選び、必要な文字を入力するだけで見栄えのよいコンセプトが図解できます。形状が異なるほかの要素を記述したい場合は、別途図形を作成し周辺に配置すればいいでしょう。

「Smart Art」は訴求力が違う

Before

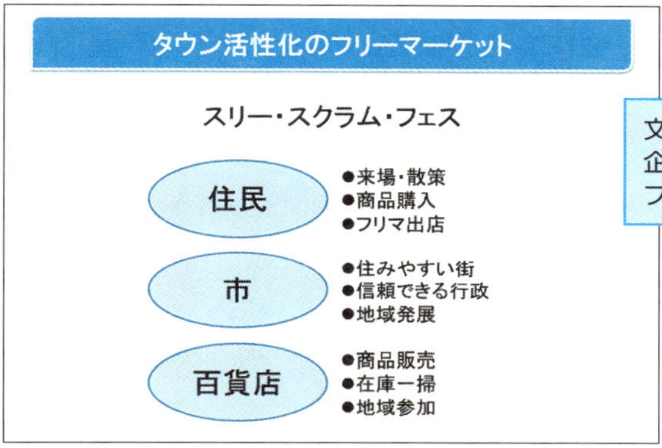
タウン活性化のフリーマーケット
スリー・スクラム・フェス
住民
●来場・散策
●商品購入
●フリマ出店
市
●住みやすい街
●信頼できる行政
●地域発展
百貨店
●商品販売
●在庫一掃
●地域参加

文字を並べただけでは、企画のキモとなるコンセプトの意味が不明瞭だ。

After

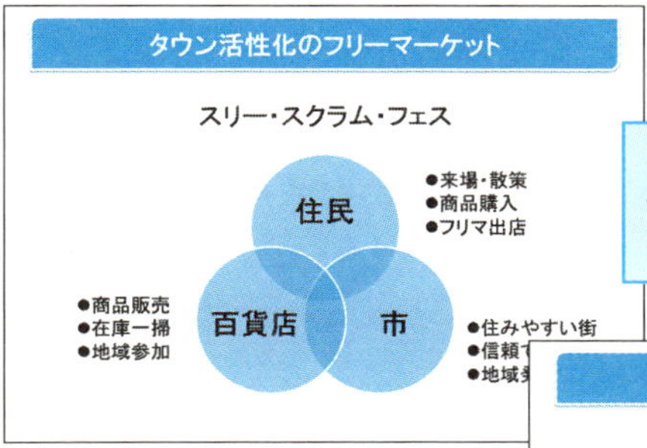
タウン活性化のフリーマーケット
スリー・スクラム・フェス
住民
●来場・散策
●商品購入
●フリマ出店
●商品販売
●在庫一掃
●地域参加
百貨店
市
●住みやすい街

「SmartArt」の「基本ベン図」を使った例。3者の関わり方がグッとイメージしやすくなる。

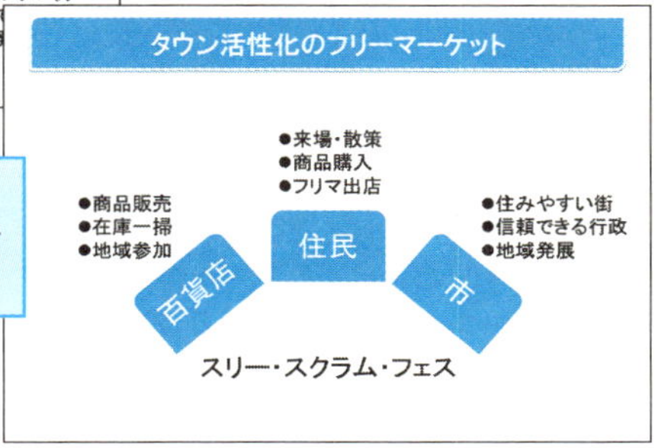
タウン活性化のフリーマーケット
●来場・散策
●商品購入
●フリマ出店
●商品販売
●在庫一掃
●地域参加
住民
●住みやすい街
●信頼できる行政
●地域発展
百貨店
市
スリー・スクラム・フェス

「SmartArt」の「円弧状タブ型リスト」を使った例。連携する3者間の立ち位置が明確になる。

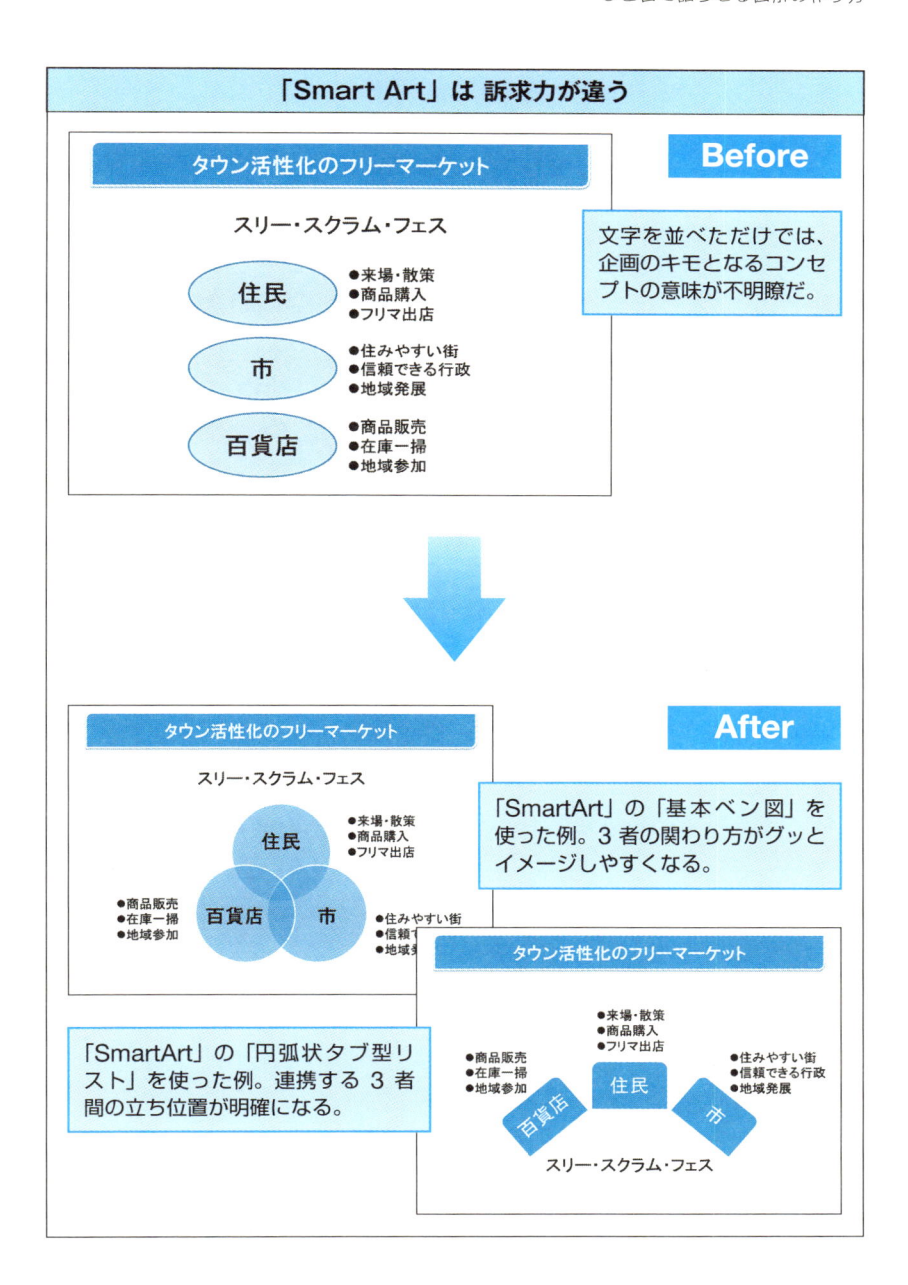

4-3 【チャート】思考をかたちにするツールを使う

内容の本質をズバッと見せる

図・表・グラフなどによる表現全般を「チャート」と言います。私たちがよく使う集合図や階層図、整理表や円グラフなどは、すべてチャートです。チャートの最大の特長は「わかりやすさ」。言葉なら冗長になる内容が、直感的にまとめられます。

文章は「読む→理解する」というステップを踏むため、文章の良し悪しが読み手の納得に影響します。一方、チャートの場合は、「パッと見る→理解する」ことが可能です。直感的に理解できるチャートは、スピーディーさやシンプルさが求められる、ビジネス資料にマッチする表現方法なのです。

このチャートの中には、「フレームワーク」も含まれます。フレームワークとは「枠組み」を意味するビジネス用語です。コンピュータ分野ではプログラムを開発する土台となるソフトウェアを言いますが、一般のビジネスの場では、問題発見に向けた情報分析や、問題解決のための戦略立案に利用する「思考ツール」を表します。

PPMやロジカルシンキングといった言葉を耳にしたことがあるでしょう。前項で紹介したベン図もフレームワークの1つです。フレームワークには多くのノウハウが詰まっていて、上手く使えば、強力な武器になります。

例えば、巻き返しを図る販売戦略プランで、他社の成功要因を「3C分析」で説明すれば、説得力が出ます。新会社の体制を「組織図」にして新設部署に補足文を添えれば、設立の「狙い」が正しく伝わります。儲けが出ない現状を「損益分岐点分析」して、コスト構造にメスを入れる改革案も出せるでしょう。

チャートを使って表現すると、思考がかたちになります。堂々巡りの論争に新しい道筋を付け、独創的な突破口が出てくることもあるでしょう。チャート作りには、成功へのトリガーが潜んでいるのです。

フレームワークでデータを見える化する

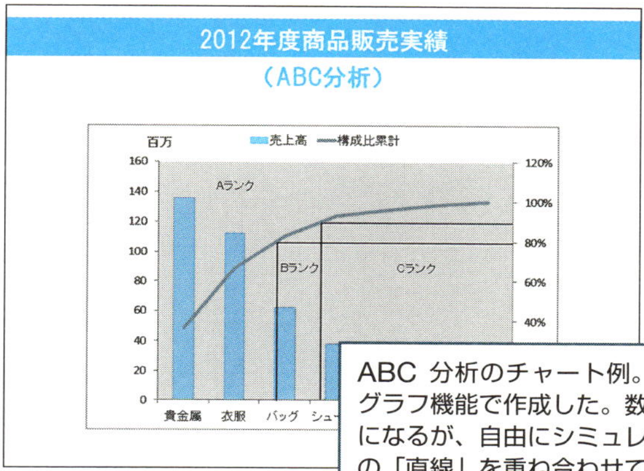
2012年度商品販売実績
（ABC分析）
百万
売上高
構成比累計
160
140
120
100
80
60
40
20
0
120%
100%
80%
60%
40%
Aランク
Bランク
Cランク
貴金属
衣服
バッグ

ABC 分析のチャート例。「パワーポイント」のグラフ機能で作成した。数値データの入力が必要になるが、自由にシミュレーションできる。図形の「直線」を重ね合わせて図解で作ることも可。

【資料作成で使いたいフレームワーク】

3C 分析	顧客、競合、自社の情報から成功要因（KSF）を見つけ出し、自社の戦略に活用する分析手法。
ABC 分析	商品や顧客を売上高の順に A、B、C に分類し、A ランクを最も重要な商品や顧客として管理する手法。
PDCA	計画、実行、評価、改善のプロセスを繰り返し、品質の維持と向上を継続的に行う経営手法。
PPM	市場と自社の現状（商品や事業）を位置付けし、どれを育成・維持・撤退すべきかを検討する経営分析の手法。
SWOT	企業を内部環境の強みと弱み、外部環境の機会と脅威の視点から分析し、経営戦略を考える手法。
Z チャート	データの長期傾向を読み取るグラフ。一時的な乱高下や季節による不確実な要因を取り除いてグラフ化する。
ガントチャート	時間軸の上に開始点と終了点を線で結んだもの。計画全体を眺めて進捗状況を確認・改善するのに役立つ。
散布図	グラフに描いた点の散らばり具合から、A と B の関係や傾向を読み取るもので「相関図」とも呼ばれる。
組織図	組織の構造や機能を明確にしたり命令や意思伝を表す。階層を表すさまざまなシーンで利用できる。
損益分岐点分析	収支トントン（利益ゼロ）となる売上高を見つけ出し、損をしない売上目標や原価・仕入れ管理を行う手法。
ピラミッドストラクチャ	「その理由は･･･」を繰り返し、事実・根拠→理由→結論の順に下から上に登り、結論に到達する方法。
レーダーチャート	1 つのデータを複数の要素から分析するグラフ。生成される形状を見て項目のバランスを評価する。

4-4

【写真】写真は事実をストレートに伝える

写真の扱い方を間違えないこと

「写真」の最大の特長は「リアリティー」。事実や実物をありのままに伝えるため、読み手が恣《し》意《い》的な解釈をしにくくなります。そして、読み手が瞬時に理解できること。「そのものズバリ」である写真からは、実態や雰囲気、傾向が即座に感じ取れます。

文章力を必要としない写真は、使い勝手のよい情報要素といえます。しかし、漠然と使うだけでは何の効果もありません。内容に合った写真、そこに必要な写真でなければ、読み手に伝わる保証はありません。

写真を使うときは、次の２点に気を付けて使うといいでしょう。

１つ目は、間違った素材を使わないことです。例えば、有機栽培の食品開発の提案書に、スタイリッシュなビルや広々とした海原の写真を載せては場違いです。せめて、植物の発芽や自然風景を使えば、食に対する優しさや安全が伝わりイメージが膨らみます。写真は読み手のイメージを固定するものですから、その選択によってわかりやすい資料になるか否かが決まります。

２つ目は、意味のない場面では使わないことです。文章しか入れる要素がない。見た目が淋しい。インパクトが欲しい。こんな理由で「写真を入れておこう」と考えるのは危険です。表紙にグアムの写真が入っていれば、リゾートの不動産企画と思う人もいるでしょう。有機栽培のキャッチコピーの隣にIT写真があれば、コンピュータ管理による水耕栽培をイメージしてしまうかも知れません。

確かに、写真で大胆にアピールするのは結構なこと。でも、ビジュアルやインパクトを意識するあまり、むやみに写真を使っては読み手が混乱するだけです。写真の役割は、相手に「何を伝えるか」「どこを納得してもらうか」につなげるイメージ（画像）なのです。写真の持つイメージを最大限に引き出すためには、適切な写真を、適切な場面で使うことが肝要です。

内容に合った写真を入れる

ネット通販再構築のご提案
～集客率50%アップを実現する～

Before

企画のタイトルと写真が合っていない。これなら入れない方がマシだ。

ネット通販再構築のご提案
～集客率50%アップを実現する～

After

くつろぎながらネットショッピングする写真。いかにも「気軽に」「安心して」買い物できそうだ。企画の内容がどのようなものなのか、読み手も興味がわいてくる。

4-5

【撮影】自分で撮った写真で訴求する

シャッターが切り取る説得力

街中にあふれる情報を、シャッターが切り取って説明の根拠とする。これほどの説得力の高いものはありません。デジカメの価格は下がり、ケータイとスマホのカメラ機能は簡単かつ高画質です。資料に載せる写真の品質は、印刷物ほどの高品質は求められません。必要な情報を自分で撮ることに何の気負いもいらないのです。ビジネス資料では、実際を見せることのほうがはるかに大切です。

例えば、「いま、東京・吉祥寺がアツい！」として同エリアをアピールする資料。エンタメ雑誌やツィッターの情報を流用するより、休日の吉祥寺の「サンロード」の写真を1枚見せるだけで状況と雰囲気が伝わります。

ときに「物《ぶつ》撮《ど》り」が必要な場合もあります。製品や小物といった写真は、「テーブルトップ撮影」を行います。これはテーブルの上にセットを組み、被写体を置いて撮る方法。ケント紙などテカリのない白や淡色の紙を、テーブルからバックに回して敷き、背景に余分なものを写さない撮り方です。

ちょっとした物撮りは、自分で撮る会社や個人が増えています。デジカメ撮影のほかに、資料に写真を入れるには次の方法もあります。

◎雑誌やカタログをスキャナで取り込む

◎インターネットの画像提供サイトを利用する

◎インターネットで画像を検索・ダウンロードする

◎市販のCDデータを購入する

また、GoogleやYahoo!などで画像検索を行えば、条件に合った画像が縮小画面で一覧されます。MS-Officeの「クリップアート」で検索し、ダイレクトにスライドに挿入してもいいでしょう。これらは手軽ですが、著作権があるのが一般的ですので、利用規約を確認して適切に利用してください。

写真で説得力を高める演出を

Before

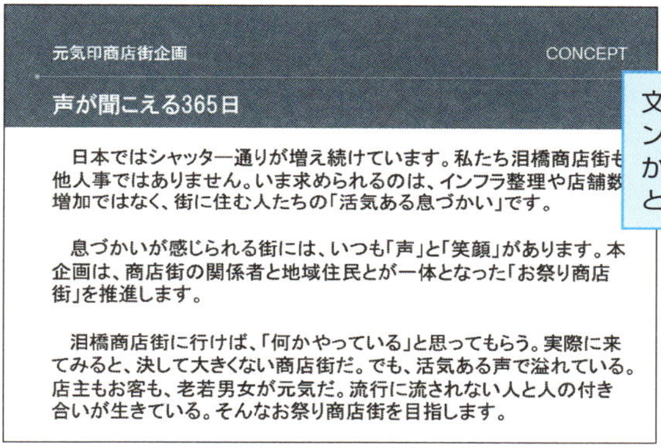
元気印商店街企画
CONCEPT
声が聞こえる365日
日本ではシャッター通りが増え続けています。私たち泪橋商店街も他人事ではありません。いま求められるのは、インフラ整理や店舗数増加ではなく、街に住む人たちの「活気ある息づかい」です。
息づかいが感じられる街には、いつも「声」と「笑顔」があります。本企画は、商店街の関係者と地域住民とが一体となった「お祭り商店街」を推進します。
泪橋商店街に行けば、「何かやっている」と思ってもらう。実際に来てみると、決して大きくない商店街だ。でも、活気ある声で溢れている。店主もお客も、老若男女が元気だ。流行に流されない人と人の付き合いが生きている。そんなお祭り商店街を目指します。

文章だけで訴求する「コンセプト」では実際が分からないし、喫緊の課題と認識できない。

After

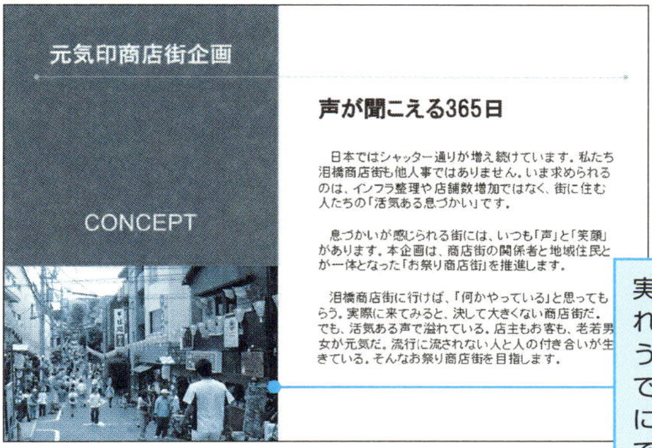
元気印商店街企画
CONCEPT
声が聞こえる365日
日本ではシャッター通りが増え続けています。私たち泪橋商店街も他人事ではありません。いま求められるのは、インフラ整理や店舗数増加ではなく、街に住む人たちの「活気ある息づかい」です。
息づかいが感じられる街には、いつも「声」と「笑顔」があります。本企画は、商店街の関係者と地域住民とが一体となった「お祭り商店街」を推進します。
泪橋商店街に行けば、「何かやっている」と思ってもらう。実際に来てみると、決して大きくない商店街だ。でも、活気ある声で溢れている。店主もお客も、老若男女が元気だ。流行に流されない人と人の付き合いが生きている。そんなお祭り商店街を目指します。

実際の商店街の写真を入れるだけでライブ感が漂う。寂れた商店街の写真で危機感をあおっても、にぎやかな商店街の写真で理想像をアピールしてもいい。

4-6

【写真加工】見せ方を変えてイメージを操作する

写真を加工して情報の質を高める

写真は、大きく扱えば勢いや強さを出し、小さく扱えば控えめに主張し、裁ち切りで使えば紙面に広がりをもたらします。構図を変えると、訴える表情が変わってきます。写真の構図の一部を切り出すとそこが主張し始め、写真の輪郭を変えると意外性をアピールしてきます。

写真の見せ方は、主旨の伝わり方と読み手の理解度に影響を及ぼします。あらかじめ画像編集ソフトで適切なサイズ変更や色調整が行えればいいのですが、できない場合は「パワーポイント」側でも簡単な加工が行えます。

写真の天地や左右の端を削除して画像のサイズを縮小することを**「トリミング」**と言います。トリミングすると、不要な部分を削除して狙い通りの構図として成形したり、一部をフォーカスした大きな構図に作り直すことができます。

さらに、写真の背景を削除して対象物をくり抜くこともできます。「撮影した店舗外観のバランスが偏っている」「製品写真の隣に影が映り込んでいる」といった場合は、これらの機能で修整してみてください。

また、写真を図形のように扱うこともできます。実際は、作成した図形を“写真で塗りつぶす”かたちになります。この扱いのメリットは、図形サイズにきちんと写真が収まること。円やひし形、直方体にも写真が投影できるというわけです。ただし、自動的に縦横の比率が調整されますので、写真の構図によって歪むこともありますが、「トリミング」か「引き伸ばしの比率調整」で歪みを解消できます。

もう１つは**「透過性」**が設定できること。透けて見せれば、写真の持つイメージが弱まりますし、上に文字を乗せることもできます。背景の写真を敷く場合は、特に透過性の設定が好都合です。

写真の加工を効果的に行えば、それ自体の情報の質を高めるとともに、わかりやすい紙面にビジュアル化されていくことにつながります。

写真が訴えたいものを表に出す

Before

街頭アンケート実施のご提案
目的
テーマ
過去5年間継続している「連休週末の過ごし方」についての年代別意識調査
質問内容
●何をしていますか？
●ここは初めてですか？
●おいくつですか？
●誰と過ごしていますか？
●買い物はしていますか？
●外食をしていますか？
●消費金額の平均は？

引き気味で撮影したため、建物も写り込んだ単なる街の風景だ。

After

街頭アンケート実施のご提案
目的
テーマ
過去5年間継続している「連休週末の過ごし方」についての年代別意識調査
質問内容
●何をしていますか？
●ここは初めてですか？
●おいくつですか？
●誰と過ごしていますか？
●買い物はしていますか？
●外食をしていますか？
●消費金額の平均は？

通行人に焦点が当たるように「パワーポイント」でトリミング処理した。人に焦点を当てると、アンケートという企画の主旨と合致する。

4-6

【写真加工】見せ方を変えてイメージを操作する

写真の最適なサイズと位置を調整する

ケータイやスマホの普及によって、ビジネス資料で手軽に写真を使う機会が増えました。

しかし、日頃親しんでいる写真が、こと紙面上においては、ただ「挿入」するだけの扱いです。ほんの少しの工夫で紙面は生き生きしてくるのに、もったいない話です。ビジネス資料において、写真を効果的に表現するいくつかの方法を紹介しましょう。

①写真サイズを統一して情報に平等性を持たせる

大きさの異なる複数の写真が並んでいると、不安定なバランスで妙に落ち着きません。順当に扱うならサイズを同じにして整列させます。情報が平等に扱われることで、整理されている印象が伝わります。

②写真サイズに差を付けてメリハリを付ける

複数ある写真の中で１つだけ、あるいは並びに変化を出したいときは、サイズに差を付けます。ただし、中途半端でなく大胆に差を付けることが大事。違いが際立ち、主役と脇役の役割がハッキリして写真表現の意図が伝わるようになります。

③写真を裁ち落としにして紙面に広がりを作る

写真の扱いは、「角版」と呼ばれる四角形の形で使用することが一般的で、これは写真を引き立たせる効果があります。一方、紙面からはみ出すように置く方法が「裁ち落とし」です。裁ち落としにすると、紙面外に写真の続きがあるように感じられ、空間的な広がりを生みます。読み手の想像力を刺激するテクニックです。

④写真を傾けて紙面全体に変化を付ける

写真を傾けて配置すると、その部分にアクセントが付いて、単調な紙面に目を引き付けるポイントができます。ただし、ほんの少し傾けただけではレイアウトのミスに見えることも。思いっきり傾けて変化をアピールしてください。

素材を生かして効果的に見せる

「安・近・短」ウォークトラベルの企画
〜新しい不思議を発見するコンパクトな健脚ツアー〜

左側の写真を大きく見せてメリハリを付けた。

写真を裁ち切りで使い、空間が広がっているように見せた。

「安・近・短」ウォークトラベルの企画
〜新しい不思議を発見するコンパクトな健脚ツアー〜
都内の名所、景勝、隠れたスポットを巡る
ウォーキング形式のトラベルツアー。
一人あたり参加費5千円という「安さ」。
都心エリアの10キロ圏内を歩く「近さ」。
約3時間でトラベルが終了する「短さ」。
この「安・近・短」が本企画のコンセプトです。

「安・近・短」ウォークトラベルの企画
〜新しい不思議を発見するコンパクトな健脚ツアー〜

プリント風に加工後、１つだけ傾けてアクセントを出した。

4-7

【イラスト】読み手の理解を手助けする

イラストは貴重な訴求ツール

「イラスト」がある資料は、自然と読みたくなるものです。「ほっ」としながら目を通し始める人。「おやっ」と思いながら読み始める人。読んでもらえなければ何も始まらないビジネス資料にとって、イラストは貴重な訴求ツールといえます。

イラストは、写真同様、文字だけでは伝えきれない情報やニュアンスを伝えます。内容を適切に表現したイラストであれば、短時間に狙い通りのイメージを訴求できます。同時に、読み手の想像を膨らませる作用もあります。警察の似顔絵捜査は、顔の特徴を強調するために見た人の記憶を想起しやすく、写真より逮捕につながりやすいと言われています。

もし、売上数値の横に「ゴールテープを切るランナー」のイラストがあったら。読み手は、提案アイデアを実行することで「目標が達成できる」というイメージを連想することでしょう。

タッチ（作風）を変えれば、伝えたい空気感が変わるのもイラストの特長です。シャープなタッチは真面目な意見を強調し、かわいいタッチは紙面の印象を和らげます。企画の内容やプレゼンの環境によって、読者の思考を活性化させるイラストを選んでみるのも、上手な活用法です。

イラストを置く場所は、紙面全体のバランスを見た上で、文章を読むのに邪魔にならない場所を選びます。関連する文章から遠すぎては無関係とみなされますし、スペースがないからと言って小さくしては、ビジュアル効果も半減します。

そして、イラストは写真同様、「間違った素材を使わない」「意味のない場面では使わない」ようにしてください。画竜点睛としてのイラストは、大事な情報要素の１つです。

内容を代弁するイラストを選ぶ

Before

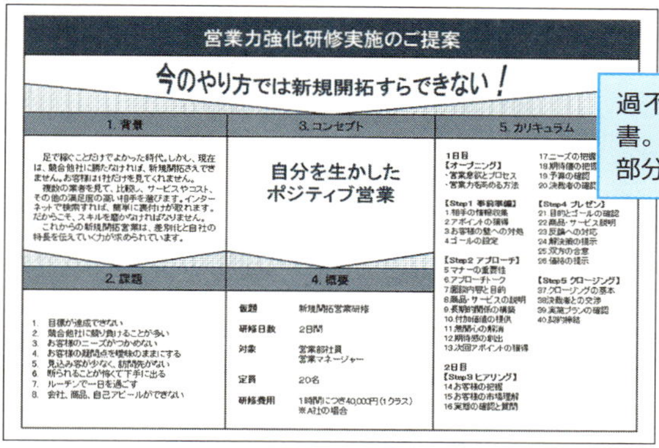

過不足なくまとめた企画書。パッと飛び込んで来る部分がないのが弱点。

After

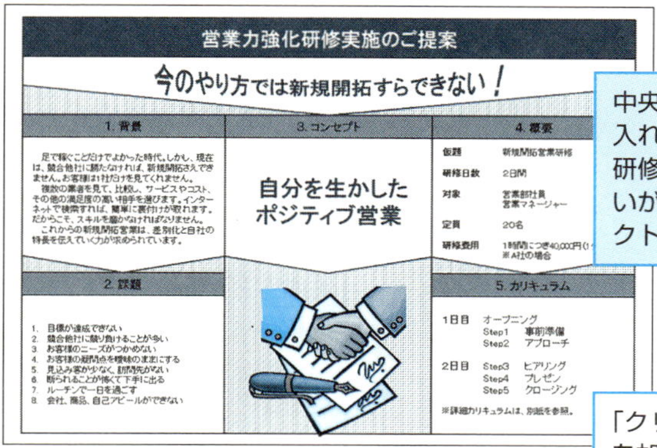

中央下に大きくイラストを入れた。営業力を強化する研修の必要性や、企画の想いが強まって紙面にインパクトが出る。

「クリップアート」の一部を加工して使っている。

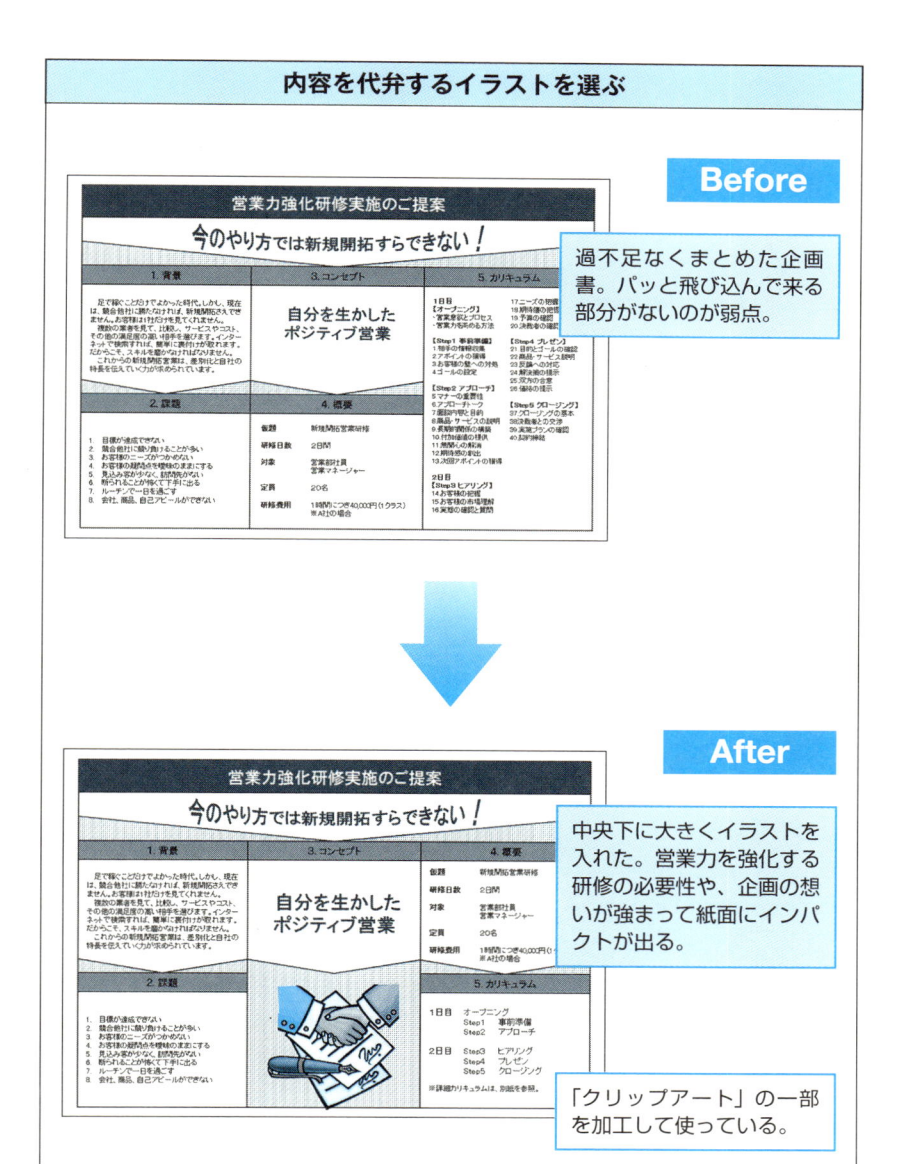

4-7

【イラスト】読み手の理解を手助けする

こだわりつつも、シンプルに

本来、主旨に合わせてイラストを描ければそれに越したことはありません。でも、誰しも絵心があるわけではありませんし、イラストレーターに頼めばコストがかかります。

そんなときは、図形を組み合わせてイラストに見せることで対処してみましょう。基本図形を重ね合わせ、一種のアイコンのように見せれば十分です。あまり凝りすぎず、シンプルにまとめたほうが印象的に仕上がります。

図形でイラストを自作するときは、**「ピクトグラム」**を真似て作るのもいい手です。ピクトグラムとは、日常よく目にする道路標識や非常用出口などの絵文字のこと。ピクトグラムは文字に代わって概念を表すものであり、直感に訴えて「見てわかる」ためのエッセンスが凝縮された最適な教材です。デザインや実用性に優れたものからユーモアあふれるものまで、幅広い分野で使われています。

それでも「やっぱり作るのは面倒だ」という人は、「クリップアート」でイラストを検索して利用するのが手っ取り早くて簡単です。お気に入りがなければ、マイクロソフト社が運営する「Office.com」のサイトで検索し、ダウンロードしてみるのもいいでしょう。

そのまま使うほかに、一部を取り出して使う方法もあります。「クリップアート」のイラストには、細かなパーツが集合してできているものがあります。グループ化機能を解除して必要な一部だけを取り出せば、オリジナリティーある素材に変身します。

また、イラストの色が合わないときは、希望の色で塗りつぶしてください。イメージに合った色のイラストがあれば、ビジュアルの統一感が図られ、読み手の印象がグッとよくなります。些細なことですが、少しのことにこだわった積み重ねが、説得力のある資料になっていきます。

基本図形でイラストも作れる

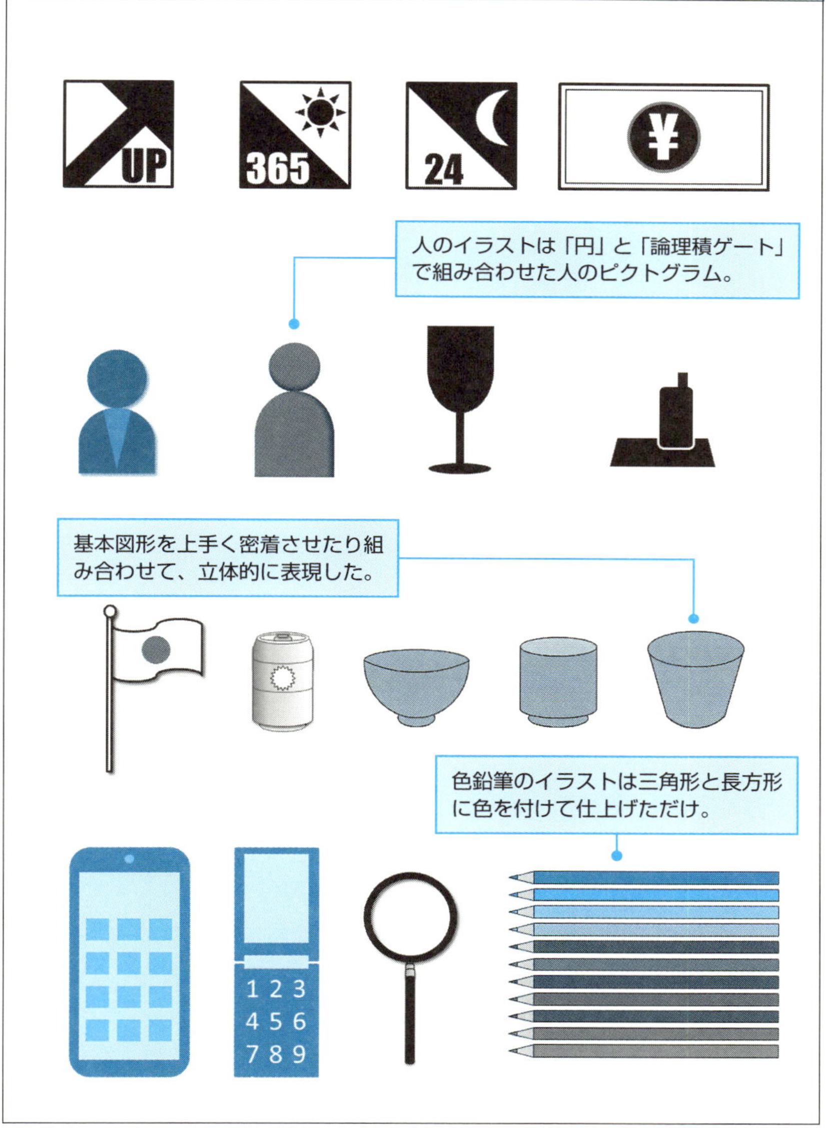
UP
365
24
¥
人のイラストは「円」と「論理積ゲート」で組み合わせた人のピクトグラム。
基本図形を上手く密着させたり組み合わせて、立体的に表現した。
色鉛筆のイラストは三角形と長方形に色を付けて仕上げただけ。
1 2 3
4 5 6
7 8 9

4-8

【種類】内容でグラフの種類を変える

グラフの特徴を生かした種類を選ぶ

ビジネス資料において、**「グラフ」**は紙面をビジュアル化する代表的な方法です。作り手としては「市場シェアはこうなんですよ」「消費者の意識は変わってきているんです」と、ついつい詳細な数値を表したくなります。しかし、それは読み手にとって苦痛であり、極端な話「どうでもいいこと」です。

特に、プレゼンで見せるグラフに精密さは必要ないことを心得ておきましょう。間違いや度を越した誇張は問題外ですが、「手短に」「わかってもらう」ことがグラフの役目。ビジネス資料では、単純化したグラフこそが説得力のある資料なのです。研究論文や性能分析の発表の場でもない限り、グラフは「視覚効果を高めるためのもの」と割り切って構いません。

グラフを作るときは、データの持つ意味を理解して、適切な種類を選ぶことが大切です。総売上に占める割合を見るなら円グラフ、会員数の推移を見るなら折れ線グラフが妥当です。折れ線グラフと棒グラフはともにデータの「大小」が表現できますが、大小と一緒に「傾向」も伝えたいなら、折れ線グラフを選びたいところです。

また、棒グラフと円グラフはともに「順位」を表現できます。円グラフで順位を訴求するなら、値の大きい順に内訳を並べておくと、順位が強く意識付けできます。

【主なグラフの分析視点】

◎縦棒・横棒……項目ごとの大小・順位・比較を表現
◎折れ線・面……時系列の変化や項目の推移・傾向を表現
◎円………………全体に対する項目の大小・順位・内訳を表現
◎ドーナツ………複数のデータ系列の割合を表現
◎散布図…………２項目の相互の分布状態や関係性を表現
◎レーダー………形状から項目のバランス（大小や比較）を見る

主張に合わせたグラフを選ぶ

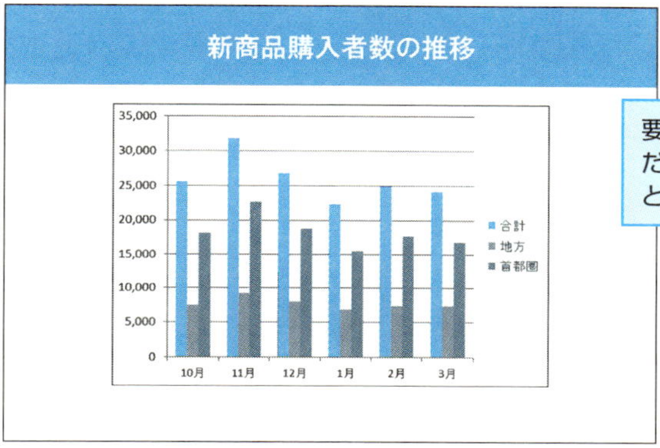

Before

要素棒がただ並んでいるだけで、数値の主張するところが不明瞭。

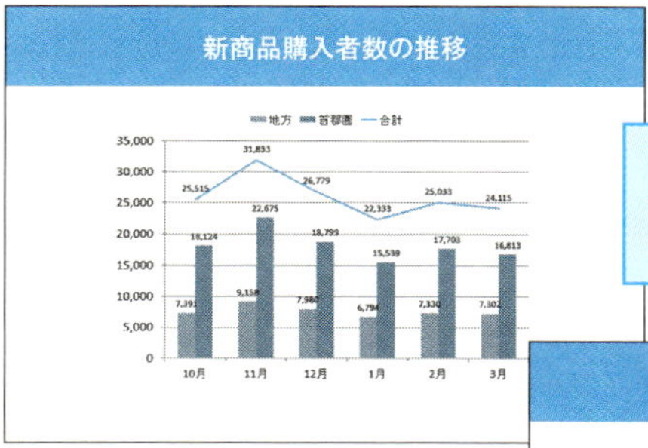

After

「合計」を折れ線グラフにした複合グラフの例。数値の大小の変化がよくわかる。

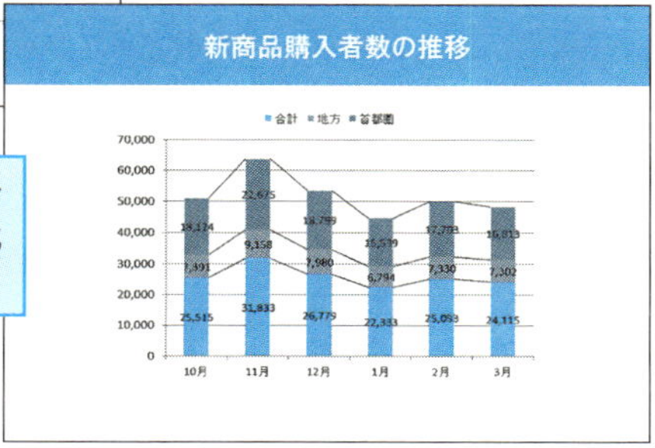

積み上げ縦棒グラフの例。要素と合計の大小と同時に、それぞれの変化が把握できる。

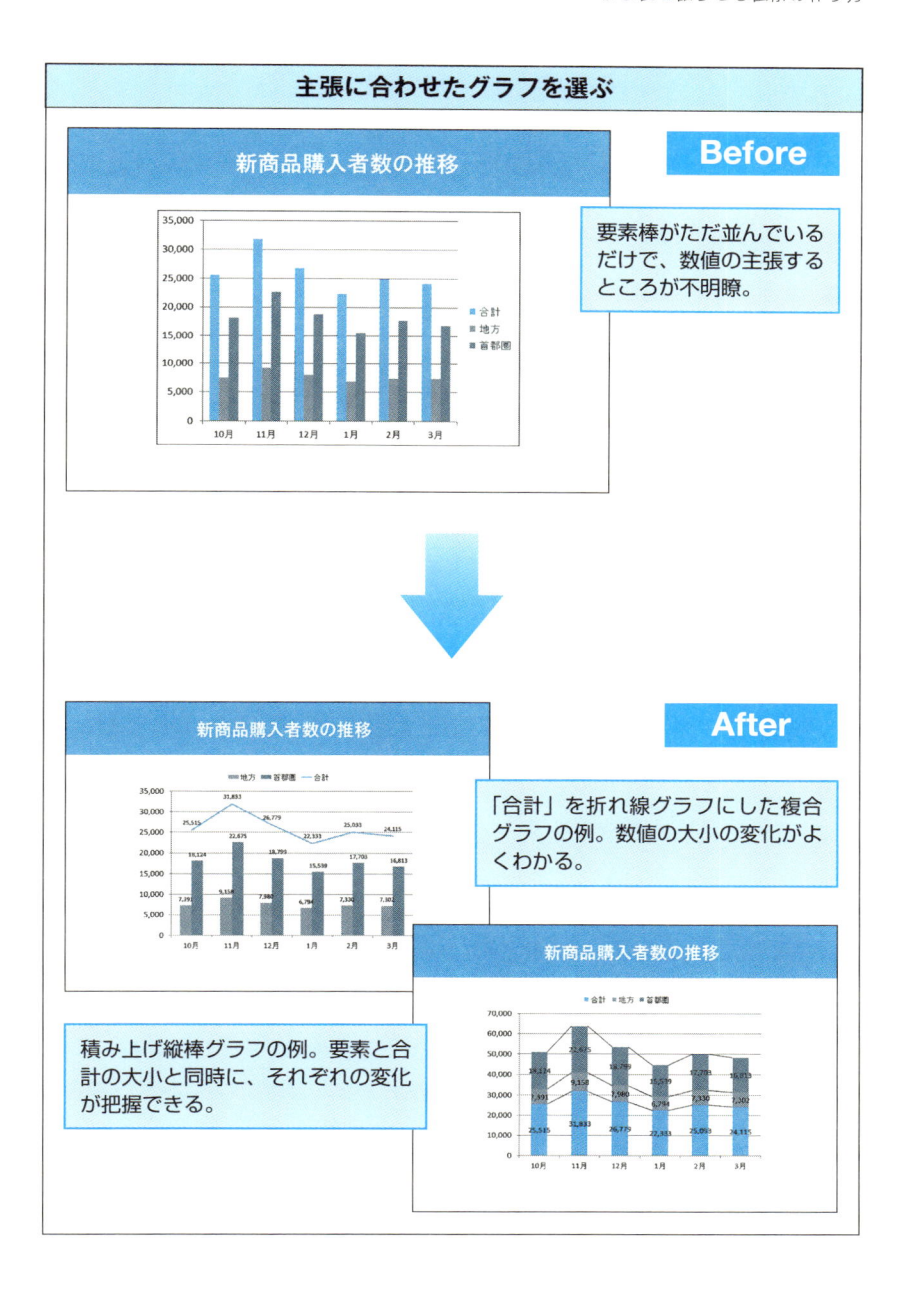

【図形グラフ】基本図形だけでグラフを作る

4-9 グラフの作り方は自由に選ぶ

「パワーポイント」で実際にグラフを作るには、いくつかの方法があります。１つ目は、最も基本的な「パワーポイント」が用意しているグラフ機能を使う方法です。

このグラフ機能は、①とりあえず、スライド内に目的の種類のグラフを作り、②数値データを正しく入れ直して、③体裁を整えて仕上げる、というプロセスになります。

表示されるダイアログボックスで目的の種類を選べば、瞬時にグラフが作成されます。ただし、これは暫定のもの。次に表示されるワークシートにも、暫定の数値が入力されていますので、自分で用意した目的の数値に入力し直します。これでベースとなるグラフができます。あとは、じっくりグラフの体裁を整えてきれいに仕上げます。

２つ目は図形でグラフを作る方法です。平たく言えば、グラフで訴求したいポイントを大胆に図解するのです。例えば、長方形を並べて棒グラフを作り、円と「パイ」の図形で内訳グラフを作ります。前述したように、ビジネス資料のグラフに精密さは必要ありませんので、正確な要素サイズは無視します。数値の差異が識別できる程度に作ればいいのです。緻密なものより大雑把なほうがハッキリする分、わかりやすさが目立ってインパクトあるグラフになります。

ほかには、「エクセル」で作ったグラフを貼り付ける方法もあります。「エクセル」のグラフをコピーし、「パワーポイント」のスライド上で貼り付けを行う、“コピペ”だけでグラフ作成が完了です。このとき図の形式で貼り付ければ、写真や図形と同じ扱いになりますので、色や装飾の編集も行えます。

また、「リンク形式」で張り付けておくと、「エクセル」のデータに変更があった場合、「パワーポイント」側のデータが自動的に更新できるようになります。

図解グラフは大胆に作ろう

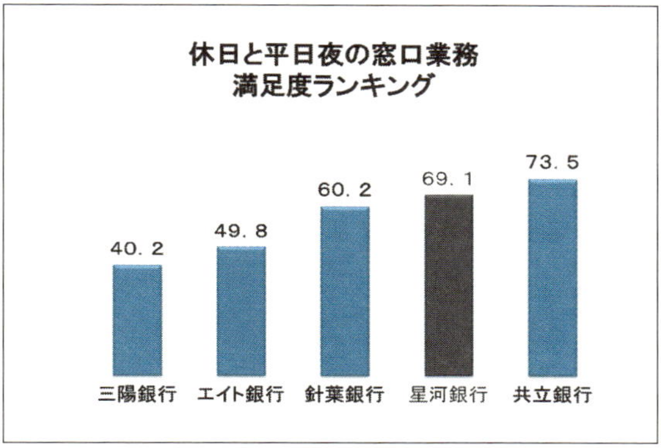
休日と平日夜の窓口業務
満足度ランキング
40．2
49．8
60．2
69．1
73．5
三陽銀行
エイト銀行
針葉銀行
星河銀行
共立銀行

長方形で作った棒グラフ。立体的に影を付け、ポイント箇所は別の色で目立たせている。

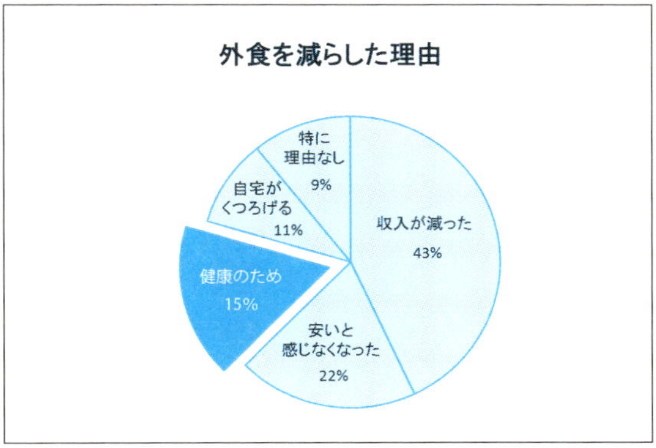
外食を減らした理由
特に
理由なし
9%
自宅が
くつろげる
11%
健康のため
15%
収入が減った
43%
安いと
感じなくなった
22%

「パイ」の図形で内訳を表現した円グラフ。内訳の目盛は大雑把で結構。視線を集めたい要素は、切り出して別の色処理をしている。

【強調】瞬時に伝わる強調ポイントを作る

4-10 グラフを加工して訴求効果を高める

一所懸命作ったグラフですから、読み手に伝わるように仕上げたいものです。グラフを効果的に見せるには、**①数値の差異を強調する**、**②注目箇所をわからせる**、**③スッキリきれいに見せる**、の３点をお勧めします。そのためには、作ったグラフに図形を追加したり、目盛りや要素の色を変えるなど、訴求箇所にフォーカスして適度な加工をすることが必要になります。

まず、数値の差異を強調すること。増収増益を続ける販売実績の折れ線グラフが、さほど“増加している”ように見えないのでは、株主も投資家も心が動きません。下限値を上げて目盛単位を変えれば、変化の幅が大きくなります。ちょっとしたデフォルメこそ、瞬時に伝わるグラフの極意です。

次に、注目箇所をわからせること。月別加盟店の大小を平坦な棒グラフで表しても、読む方は退屈です。最も加盟社数が多かった11月に「ここを見て！」と指し示せば、否が応でも目に付きます。そのような注目箇所を、１つのグラフに１つだけ用意しておくのです。ところ構わず装飾すればいいわけではなく、メリハリを付けることで初めて強調の効果が出てきます。

最後に、スッキリきれいに見せることです。脂肪を削ぎ落とした文章がシンプルになるのと同様に、グラフも“なくても大差ないもの”は外して構いません。

「凡例とタイトルは入れない」「軸ラベルと単位と目盛線を外す」「外枠の線もいらない」「要素数を４つか５つ程度に絞る」

いささか極論過ぎるようですが、一度試しにこの条件に合ったグラフを作ってみてください。大雑把なグラフに見えるものの、「わからせる」というビジネスグラフの本質に近づく感じがするはずです。

デフォルメで視線を釘付けにする

Before

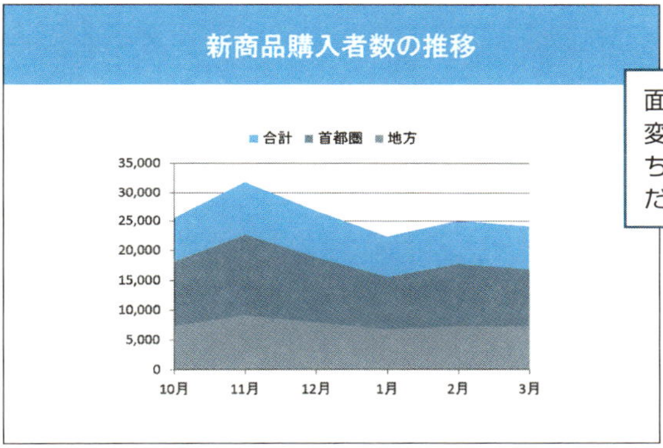
新商品購入者数の推移
合計
首都圏
地方
35,000
30,000
25,000
20,000
15,000
10,000
5,000
0
10月
11月
12月
1月
2月
3月

面グラフは内側の面積の変化や推移を表すもの。ちょっと地味なグラフだ。

After

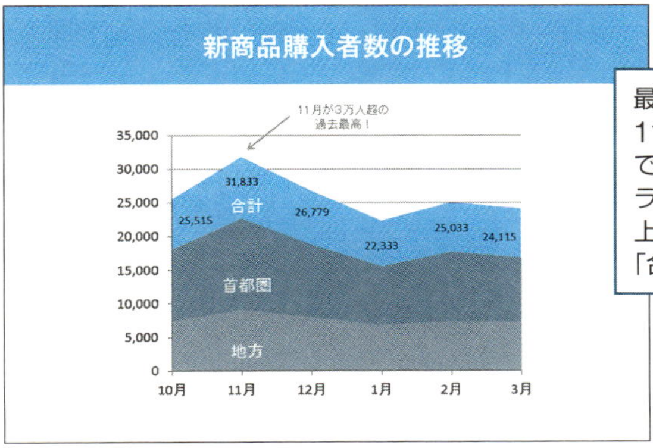
新商品購入者数の推移
11月が3万人超の
過去最高！
35,000
30,000
25,000
20,000
15,000
10,000
5,000
0
25,515
31,833
合計
26,779
22,333
25,033
24,115
首都圏
地方
10月
11月
12月
1月
2月
3月

最も数字が大きかった11 月を矢印とコメントで強調。凡例を外してグラフを大きくし、系列の上にテキストを置いた。「合計」の値も表示。

4-11

【作表】表にすることで思考も磨く

表のよさを生かして加工する

「とにかく表にしてみるか！」という決意1つで、ビジネス資料に必要な簡素と整理という目的は達せられます。多くの情報をきれいに整理・分類できることが、表を使うメリットだからです。文章が長くなるときや数値を手短に列挙したいときは、表を作ってみてください。

一見地味な表は「罫線で囲めばでき上がり」と思えるかもしれません。確かに見た目はそうですが、「情報を階層化して見やすくする」「要素を左右段に並べて比較・分析する」「マス目を使って進捗度を検証する」など、囲んだ罫線の中には、多くのテクニックが埋め込まれているのも事実です。

4つの要因をクロス分析するSWOTや、事業のポートフォーリオを検討するPPM、時間軸を管理するガントチャートも、基本は縦横のマトリックス表です。表にするデータは、何も文章と数値ばかりでありません。写真を入れて商品を比較したり、○×の記号を入れて評価表にすることもできます。

さて、地味な表だからこそ、見やすく加工して内容をわかりやすく伝えたいところ。表を見やすくするには、列見出しや行見出しを塗りつぶすといった基本的な装飾のほか、いくつかの方法があります（92ページを参照）。ただし、派手な加工は逆効果です。太い見出しや大きなサイズの数値、濃い色の塗りつぶしがあちこちにあっては、目障りでじっくり読めません。スッキリした装飾の方が表のよさが出ます。

目立たせるのは表そのものより、そこに含めた情報の質です。整理されたデータから企画の斬新さや面白さを訴え、裏付けのある数値から実態や真実を浮かび上がらせてこそ、読み手の心に伝わります。

文章が長くなってしまったら、「とにかく表にする」。これによって整理できるのは、文章や数値だけではなく、作り手の“霞んでいた思考”も含まれます。アイデアが磨かれるのも表を使う大きな効用です。

着眼点を変えて見やすくする

Before

空気清浄機製品比較表

メーカー	D社	P社
製品名	AMK700	FPG550
実勢価格	¥45,000	¥29,000
最大適用床面積	31 畳	25 畳
フィルター寿命	10 年	10 年
騒音値	54 db	52 db
主な機能	光速ストリーマ	ナノイー
	アクティブプラズマイオン	ハウスダストキャッチャー
	加湿機能	タイマー機能
	タイマー機能	
	花粉モード	
幅×高さ×奥行	395×620×287 mm	300×580×195 mm
重さ	12.5 kg	5.8 kg
カラー	ホワイト系、ブラウン系	ホワイト、ピンク

左の項目名に色を付けて、右に製品情報を並べた簡素な比較表。文字とセルの罫線が近さが気になる。

After

空気清浄機製品比較表

D社	メーカー	P社
AMK700	製品名	FPG550
¥45,000	実勢価格	¥29,000
31 畳	最大適用床面積	25 畳
10 年	フィルター寿命	10 年
54 db	騒音値	52 db
光速ストリーマ アクティブプラズマイオン 加湿機能 タイマー機能 花粉モード	主な機能	ナノイー ハウスダストキャッチャー タイマー機能
395×620×287 mm	幅×高さ×奥行	300×580×195 mm
12.5 kg	重さ	5.8 kg
ホワイト系、ブラウン系	カラー	ホワイト、ピンク

項目名を中央に置き、製品情報を左右に振り分けて隔行に色を付けた。読む際に視線の動きが楽になった。セル内の余白も大きくしたのでスッキリした。

4-12 【体裁】重くなりがちな表をスマートに見せる
縦罫線を外すと開放感が出る

表のでき上がりを見ると、“重い”仕上がりになっていることがあります。情報を区画整理してくれるはずの表に重量感や圧迫感があっては読みにくくて仕方ありません。なぜ重く感じるか、これには２つの大きな原因があります。

１つ目の原因は、罫線で囲まれた中にたくさんの文字が入っているからです。１つのセルに文字数が多い文言が入っていると、当然圧迫感を感じます。それが表を構成するすべてのセルに共通していると、どこを見ていいかわからなくなってしまいます。

これを解消するには、単純に文字数を減らすこと。長い文章は、項目やキーワードといった短い言葉に置き換えることです。そうすることで表全体の見晴らしがよくなり、情報の着眼点が明確になります。

また、セル結合で１つのセルを大きくするのも効果的です。同じ文字数を入れても余白が大きくなる分、窮屈さが解消されます。セル結合は縦横任意の個数を結合できますから、表現力が格段にアップします。

２つ目の原因は、罫線が情報を囲い込むために窮屈さを感じさせるからです。表は、格子状に罫線を引く必要はありません。**お勧めは縦罫線を外す方法**です。縦の区切りがなくなると、横への視線に開放感が生まれ、気持ちよく情報を追うことができます。縦罫線がなくても、前後の文字間の空白が適度な区切りを感じさせてくれます。ほかにも、

◎隔行に色を付けて目で追いやすくする

◎点線や破線の罫線を使って、区切り方に意味を持たせる

◎色のない透明な罫線を使ってセルを広く見せる

◎表に階層を作って、情報の重要度に差を付ける

といったことが考えられます。上手く組み合わせて表をスマートに見せてください。

数字は揃えに注意して見やすくする

Before

国の国内総生産(GDP)順位 (為替レート)

単位:10億US$

順位	国名	2012年予測	世界比率
1	アメリカ合衆国	15,653.37	22.0%
2	中国	8,250.24	11.6%
3	日本	5,984.39	8.4%
4	ドイツ	3,366.65	4.7%
5	フランス	2,580.42	3.6%
6	イギリス	2,433.78	3.4%
7	ブラジル	2,425.05	3.4%
8	ロシア	2,021.87	2.8%
9	イタリア	1,980.45	2.8%
10	インド	1,946.77	2.7%

将来、中国とインドのGDPシェアが拡大。2060年の日本のGDP(国内総生産)は、中国の8.7分の1に、インドの5.7分の1になるだろうと、OECDが予測している。

一見よさそうだが、肝心の数値まで中央揃えでは比較しにくい。

After

国の国内総生産(GDP)順位 (為替レート)

単位:10億US$

順位	国名	2012年予測	世界比率
1	アメリカ合衆国	15,653.37	22.0%
2	中国	8,250.24	11.6%
3	日本	5,984.39	8.4%
4	ドイツ	3,366.65	4.7%
5	フランス	2,580.42	3.6%
6	イギリス	2,433.78	3.4%
7	ブラジル	2,425.05	3.4%
8	ロシア	2,021.87	2.8%
9	イタリア	1,980.45	2.8%
10	インド	1,946.77	2.7%

将来、中国とインドのGDPシェアが拡大。2060年の日本のGDP(国内総生産)は、中国の8.7分の1に、インドの5.7分の1になるだろうと、OECDが予測している。

国名は左揃え、数値データは右揃えで統一。隔行の色付けは濃淡でリズムを出し、セルに余白も設けた。

Column 佐藤君パワポで初めての1枚企画書作り 図解編

ゴチャゴチャしてきたら図解する

紙面作りは散乱と整理の繰り返しです。でもビジネス資料の基本は、わかりやすく読みやすく。文章を簡潔に変身させ、冗長な情報はパッと見てわからせるのが肝要。ゴチャゴチャしてきたら図解を味方に付けましょう。

(1) 箇条書きと表で整理する

三田さん、全体の流れを作ったら資料らしく見えてきましたよ。

そうでしょ。でも現時点ではベタ打ちの文章が多いから、まずは段落記号付きの箇条書きでスッキリさせてみる？

そうします。箇条書きにしておけば、見やすくなりますからね。

要点もハッキリして読みやすくなるはずよ。

スケジュールのように、似たような項目列挙する場合はどうしましょう。

タブを使って頭揃えするのもいいけど、整理感を出すなら「表」の方がいいんじゃない。

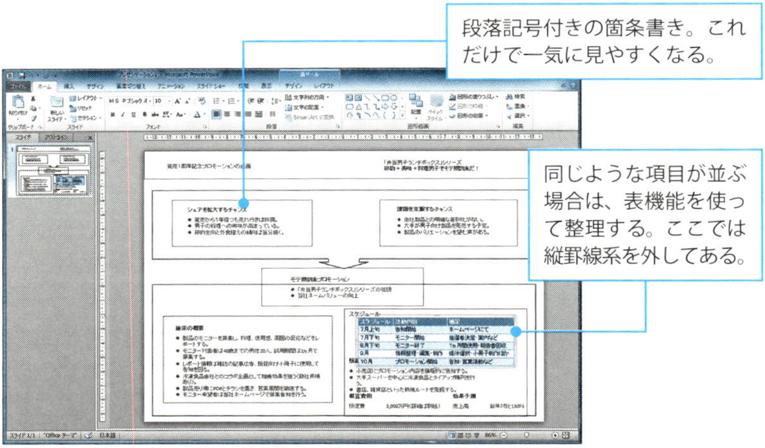

段落記号付きの箇条書き。これだけで一気に見やすくなる。
同じような項目が並ぶ場合は、表機能を使って整理する。ここでは縦罫線系を外してある。

(2) 図解でパッとわかりせる

ホントだ。表を使ったらずいぶんスッキリしましたね。

でも、まだ文章が多くて見た目としてはインパクトに欠けると思わない？

そう言われてみれば、確かにそうですが……。

佐藤君、ここで図解にチャレンジしないでいつやるの？　いまでしょう。

えへっ、やってみますか。

中央のキャッチコピーの部分を図解すれば、読み手が理解しやすくなると思うけど……。

そうですね。このキャッチコピーに 2 つの目的が含まれることを図解で表現してみます。

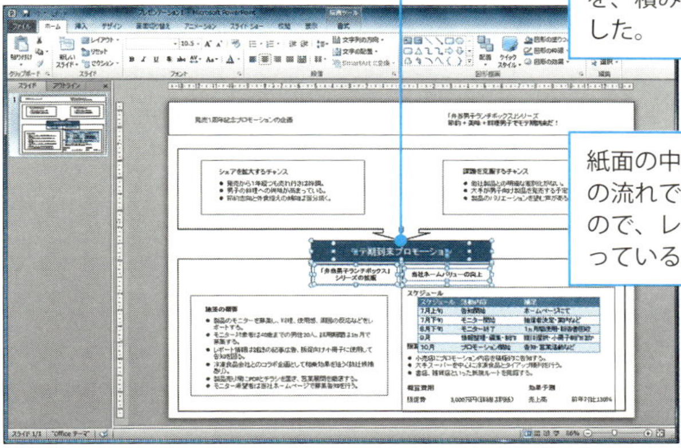

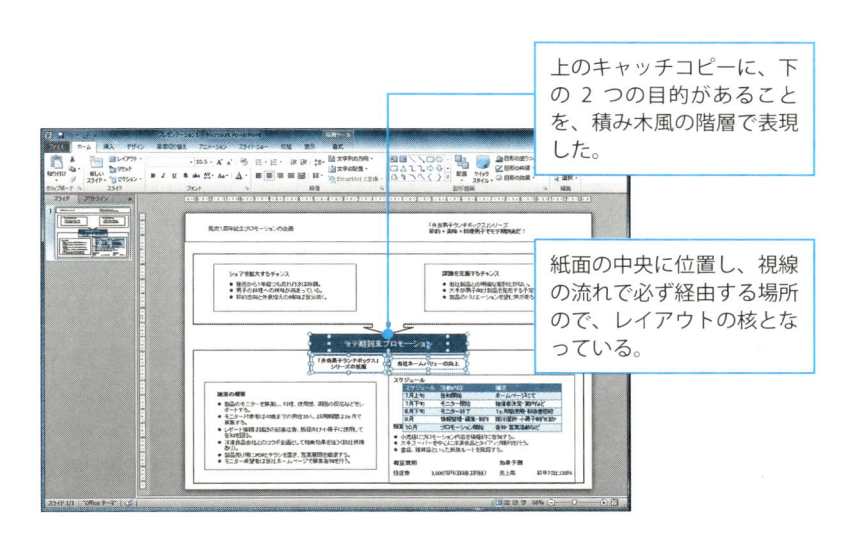

上のキャッチコピーに、下の 2 つの目的があることを、積み木風の階層で表現した。

紙面の中央に位置し、視線の流れで必ず経由する場所ので、レイアウトの核となっている。

(3) グラフで視覚にアピールする

やっぱり図解が入ると、一気に紙面が目立ちますね。

そうね、「パッと見てわかる」感じが一気に伝わってくるわね。

この「現状」の料理アンケートの部分は、思い切ってグラフにしてみましょうか？

それ、いいわね。何グラフにする？

料理に対する意識の比率を表すので、円グラフが最適かな？

正解。料理に何らかの興味のある人が「合わせて 60%」と言う主張が、ひと目で理解できるわ。

仕上げのときに、テキストボックスで「何と 60%が……」といった強調をしてもいいですね。

→152 ページに続く

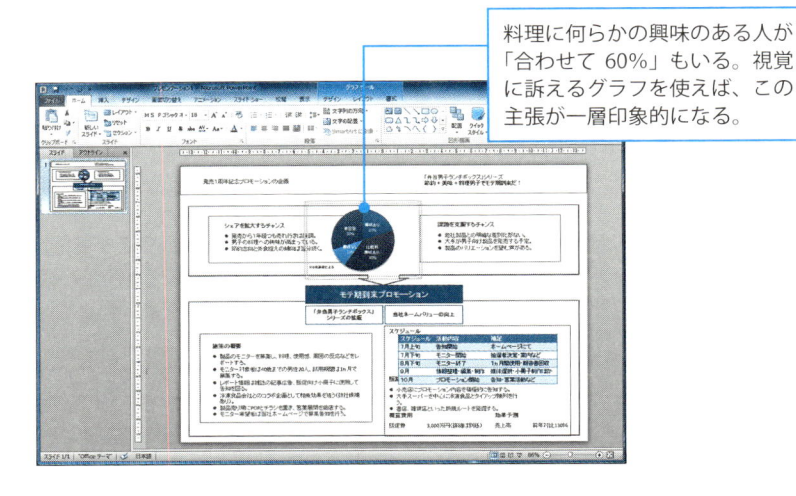

料理に何らかの興味のある人が「合わせて 60%」もいる。視覚に訴えるグラフを使えば、この主張が一層印象的になる。

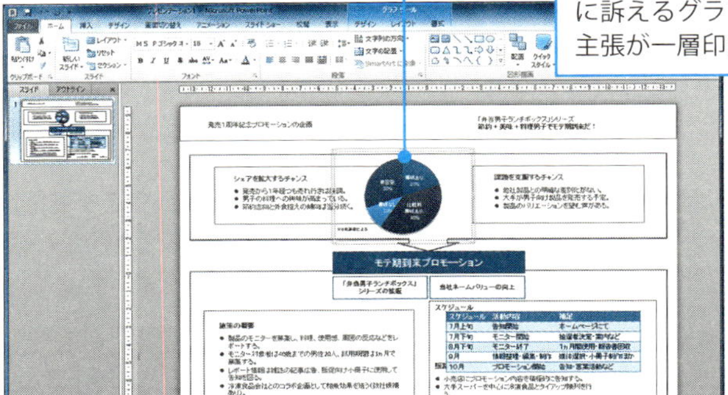

第5章

パッと見で引き付けるレイアウトのコツ

～紙面が魅力的に見え出したらしめたもの～

【1枚企画書】究極の1枚でプレゼンする

5-1 混沌から絞り出したシンプルな1枚

本書が説明の中心に置いているのは、プランを実行する内容が書かれた企画書や、アイデアによる解決の方向性が見える提案書といった資料です。これらは短時間で内容を紹介し、実現できるイメージを伝えるためには「見せる資料」である必要があります。

「見せる資料」とは、物理的な情報量が少なく、パッと目に飛び込む、わかりやすい内容のものです。つまり、シンプルに全体像がわかり、ビジュアル化されている必要があることは第2章で述べた通りです。

その究極のかたちが**A4サイズ1枚で作る企画書**です。

A4サイズ1枚のメリットは数多くあります。紙面が単純明快になる。読む時間が短い。提案する時間も短い。扱いやすいなど。読み手は、さほど視線を動かさずに集中して読むことができます。主旨が論理的かどうかも含め、内容を評価するのに多くの時間はかかりません。

作り手にとってもメリットがあります。1枚だけですから論旨の矛盾はすぐに見つかります。推敲を重ねることで無駄のない文章になり、整理されて、箇条書きや図解へと向かいます。結局、言いたいことが明確に整理されるのです。作り方に慣れてくれば、要領を得た表現力が身に付きます。

ここで語弊を恐れずに言えば、ページ企画書と1枚企画書は「体裁の違い」だけです。背景、課題、コンセプト……と並ぶページ企画書24ポイントの文字で10行書いた「背景」ページの内容は、1枚企画書の6分の1程度のスペースに、1個のキーワードで表したそれと同じなのです。

「1枚じゃ、手を抜いていると思われないか」と気にする人もいるでしょう。でも「1枚のほうがラク」と言う人もいます。忙しい上司や顧客を思うとき、10枚と1枚の企画書のどちらが嬉しいでしょうか。絞り出した“シンプルな1枚”であるのは、言うまでもありません。

シンプルの最終形は A4 サイズ 1 枚

ページ企画書

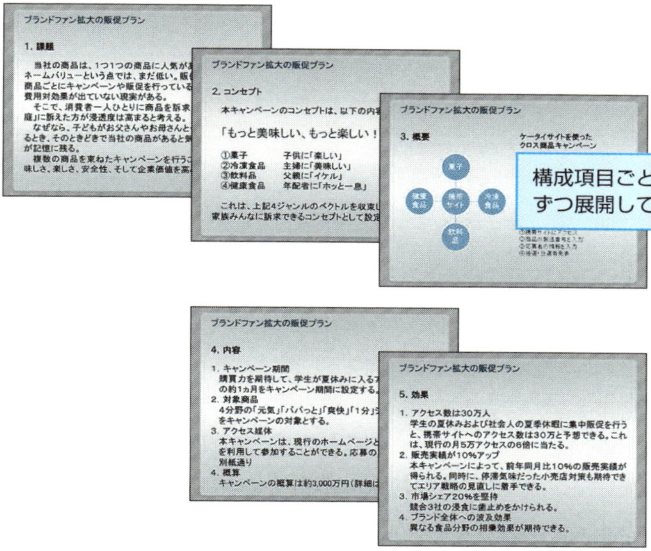
ブランドファン拡大の販促プラン
1. 課題
当社の商品は、1つ1つの商品に人気があ
ネームバリューという点では、まだ低い。販
商品ごとにキャンペーンや販促を行っている
費用対効果が出ていない現実がある。
そこで、消費者一人ひとりに商品を訴求
庭」に訴えた方が浸透度は高まると考える。
なぜなら、子どもがお父さんやお母さんと
るとき、そのときどきで当社の商品があると
が記憶に残る。
複数の商品を束ねたキャンペーンを行うこ
味しさ、楽しさ、安全性、そして企業価値を高
ブランドファン拡大の販促プラン
2. コンセプト
本キャンペーンのコンセプトは、以下の内容
「もっと美味しい、もっと楽しい！
①菓子　子供に「楽しい」
②冷凍食品　主婦に「美味しい」
③飲料品　父親に「イケル」
④健康食品　年配者に「ホッと一息」
これは、上記4ジャンルのベクトルを収束し
家族みんなに訴求できるコンセプトとして設定
ブランドファン拡大の販促プラン
3. 概要
ケータイサイトを使った
クロス商品キャンペーン
菓子
健康食品
携帯サイト
冷凍食品
飲料品
ブランドファン拡大の販促プラン
4. 内容
1. キャンペーン期間
購買力を期待して、学生が夏休みに入る
の約1ヵ月をキャンペーン期間に設定する。
2. 対象商品
4分野の「元気」「パパっと」「爽快」「1分」
をキャンペーンの対象とする。
3. アクセス媒体
本キャンペーンは、現行のホームページと
を利用して参加することができる。応募の
別紙通り
4. 概算
キャンペーンの概算は約3,000万円（詳細は
ブランドファン拡大の販促プラン
5. 効果
1. アクセス数は30万人
学生の夏休みおよび社会人の夏季休暇に集中販促を行うと、携帯サイトへのアクセス数は30万と予想できる。これは、現行の月5万アクセスの6倍に当たる。
2. 販売実績が10%アップ
本キャンペーンによって、前年同月比10%の販売実績が得られる。同時に、停滞気味だった小売店対策も期待できてエリア戦略の見直しに着手できる。
3. 市場シェア20%を堅持
競合3社の浸食に歯止めをかけられる。
4. ブランド全体への波及効果
異なる食品分野の相乗効果が期待できる。

構成項目ごとに 1 ページずつ展開している。

1 枚企画書

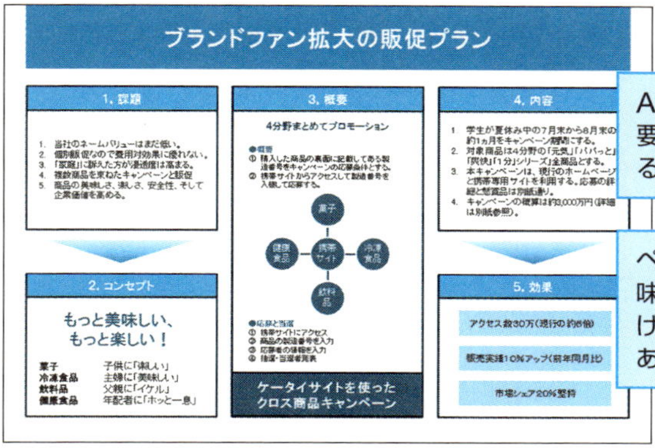
ブランドファン拡大の販促プラン
1. 課題
1. 当社のネームバリューはまだ低い。
2. 個別販促なので費用対効果に優れない。
3. 「家庭」に訴えた方が浸透度は高まる。
4. 複数商品を束ねたキャンペーンと販促
5. 商品の美味しさ、楽しさ、安全性、そして企業価値を高める。
2. コンセプト
もっと美味しい、
もっと楽しい！
菓子　子供に「楽しい」
冷凍食品　主婦に「美味しい」
飲料品　父親に「イケル」
健康食品　年配者に「ホッと一息」
3. 概要
4分野まとめてプロモーション
●概要
① 購入した商品の裏面に記載してある製造番号をキャンペーンの応募条件とする。
② 携帯サイトからアクセスして製造番号を入力して応募する。
菓子
健康食品
携帯サイト
冷凍食品
飲料品
●応募と当選
① 携帯サイトにアクセス
② 商品の製造番号を入力
③ 応募者の情報を入力
④ 抽選・当選者発表
ケータイサイトを使った
クロス商品キャンペーン
4. 内容
1. 学生が夏休み中の7月末から8月末の約1ヵ月をキャンペーン期間にする。
2. 対象商品は4分野の「元気」「パパっと」「爽快」「1分」シリーズ」全商品とする。
3. 本キャンペーンは、現行のホームページと携帯専用サイトを利用する。応募の詳細と懸賞品は別紙通り。
4. キャンペーンの概算は約3,000万円（詳細は別紙参照）。
5. 効果
アクセス数30万（現行の約6倍）
販売実績10%アップ（前年同月比）
市場シェア20%堅持

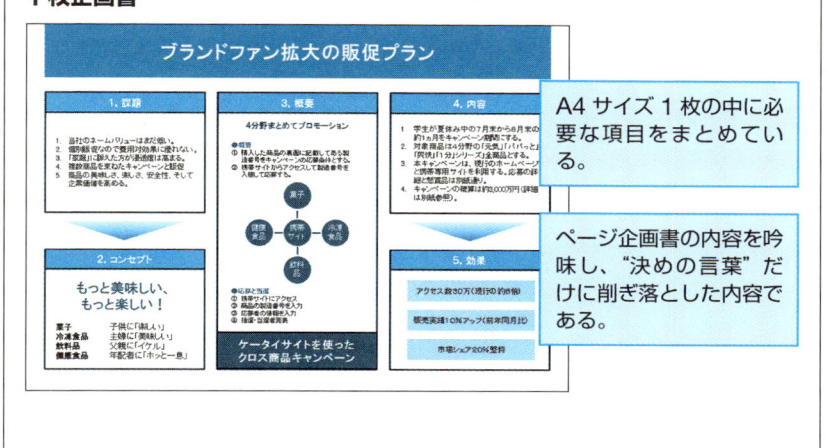

A4 サイズ 1 枚の中に必要な項目をまとめている。

ページ企画書の内容を吟味し、“決めの言葉”だけに削ぎ落とした内容である。

【誘導】読む順序を明示的に指し示す

5-2 矛盾のない論理的な流れを作る

1つの要素から次の要素へと、読み手の視線がスムーズに流れる。自分が意図した通りに読み進めてもらえれば、主旨をわかってもらえる確率は格段にアップします。オーソドックスなZ型の動きを意識してレイアウトすれば、紙面を読む順番を間違えることはないでしょう76ページを参照)。

さらに「次はこっちを読んで！」と言いたいならば、明示的に指し示す必要があります。意図的に視線の流れを作るには、矢印や三角形のような方向を表す図形を使用します。

具体的には、使用する情報要素をざっくり配置したら、まず全体の大きな流れを作り、次に個々の情報の関係性がわかる小さな流れを作るのです。この2段構えで考えると、論理的なほころびを見つけやすくなり、その結果、読み手が納得しやすいストーリー作りができます。

例えば、専門フロアの接客改善策を提案する企画。従来の「商品を売る」接客から、「販売員に固定客を付ける」接客をして「リピーター獲得」へ向かう大きな流れを作り、その中に「客の満足度を高める」や「人材を育成する」などの小さな流れをいくつか入れます（右ページ参照)。これなら企画の主旨が段階的に重なり合っていくため、単純に上から下へ流すより、深みのあるレイアウトになります。

ここで注意して欲しいのは、そのページで言いたいことを「流れの終点」にすること。資料は1ページ1メッセージが原則ですから、読み手の視線が行き着く先は“そのページの結論”です。この例では「リピーターの獲得」が「狙い」の結論です。

どこに何を置き、どんな結論に導くか？　読む順番を明示的に指し示すことで、自然と読み手をストーリーの中に誘い入れることができます。流れが違和感なく理解できれば、わかりやすい資料に仕上がっていると言えるでしょう。

結論へたどり着く道順を作る

Before

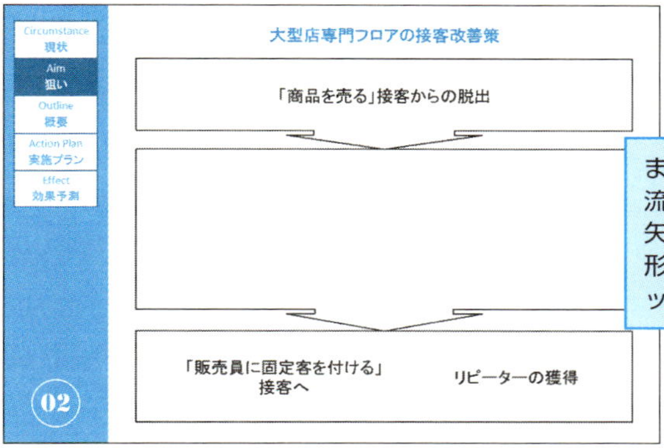
Circumstance
現状
Aim
狙い
Outline
概要
Action Plan
実施プラン
Effect
効果予測
02
大型店専門フロアの接客改善策
「商品を売る」接客からの脱出
「販売員に固定客を付ける」接客へ
リピーターの獲得

まずはざっくりと大きな流れを作る。ここでは「下矢印吹き出し」という図形を使って 3 つのブロックを作成した。

After

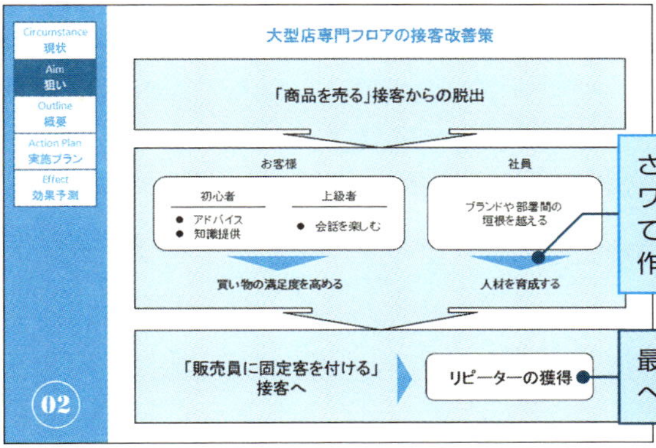
Circumstance
現状
Aim
狙い
Outline
概要
Action Plan
実施プラン
Effect
効果予測
02
大型店専門フロアの接客改善策
「商品を売る」接客からの脱出
お客様
社員
初心者
上級者
● アドバイス
● 知識提供
● 会話を楽しむ
ブランドや部署間の垣根を越える
買い物の満足度を高める
人材を育成する
「販売員に固定客を付ける」接客へ
リピーターの獲得

さらに三角形などでキーワードへ視線を誘導して、各ブロックの内容を作り込む。

最後はこのページの結論へ導く。

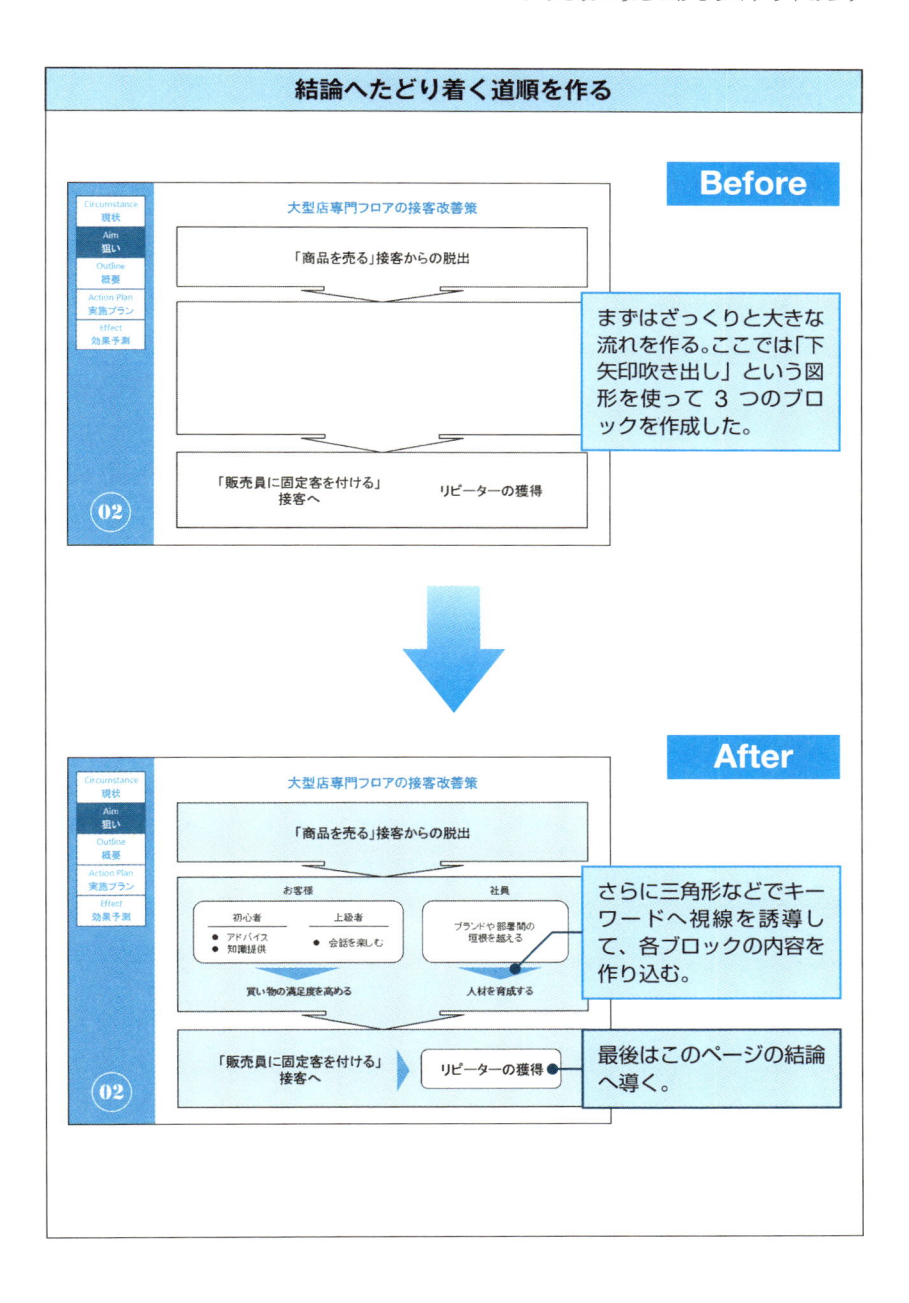

【フォーマット】全ページを同じフォーマットにする

5-3 フッターを有効活用する

ページをめくるたびに、異なるレイアウトが飛び出してくる。提出された資料を見て、こんなことを感じた経験はありませんか？　ビジネス資料に変化に富んだデザインセンスはいりません。不均衡過ぎる情報要素の置き方は、雑多で安っぽい情報にしか見えなくなります。

ページ資料の場合、全ページが同じフォーマットになっていると、読み手は安心できます。大見出し（タイトル）と本文の書き出し位置、ページ番号がそろっているだけでも整っている感が出ます。「パワーポイント」では、これらの要素はテキストボックスで作ることがほとんど。コピー元からコピー先のページへ“コピペ”すれば、同じ位置に貼り付けられます。

また、ページ下のエリア**「フッター」**を使ってもいいでしょう。資料の作り手である社名や氏名、企画名や資料名をフッターに入力し、紙面に繰り返し登場させれば、上司や顧客への印象度もアップします。

そして、同じフォーマットにする最も重要なポイントは、同一レベルで扱う情報要素の表現を統一することです。例えば、本文から導き出す言葉、キーワード同士を結ぶ図形、そして構成要素の最後に配置する結論が各ページに共通する情報要素だとしたら、これらの文字サイズと書体、図形のサイズや色などの書式を統一しておくのです。

そうすれば、どのページをめくっても、本文を読み進めても、サッと斜め読みしても「ああ、ここがキーポイントになる言葉か」と推察することができます。この「推察できる」レイアウトであることは、スピーディーに読み手の理解を促すことになり、パッと見てわかる資料にもつながっていきます。

１ページが全体の一部である雰囲気を漂わせる。要素がバランスよく調和している。全体を貫く考えが共有されている感覚を抱かせる。このような資料こそ、「何となくイイ感じっ！」という直感を生みます。

フッターを入れるとレイアウトが締まる

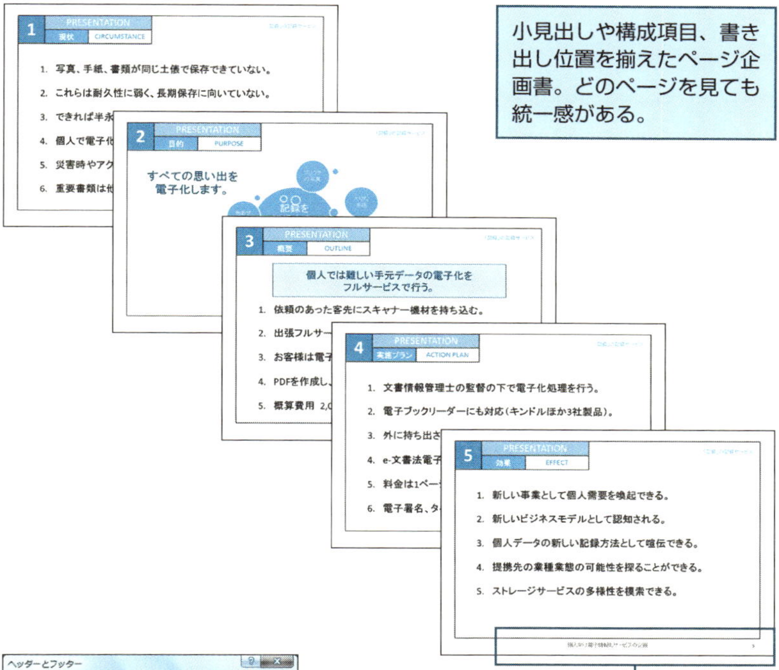

小見出しや構成項目、書き出し位置を揃えたページ企画書。どのページを見ても統一感がある。

「フッター」に企画書名とページ番号を入れた。ここに文字が入っていると、レイアウトが締まる。

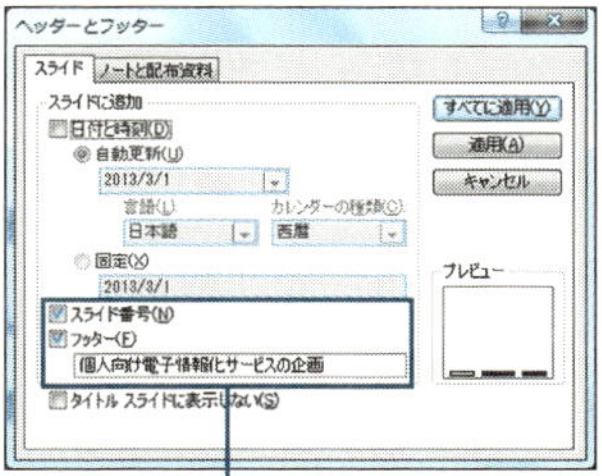

「パワーポイント」では「フッター」ボックスに任意の文字を入力できる。コピーライト表記や「持ち出し禁止」などを入れてもよい。

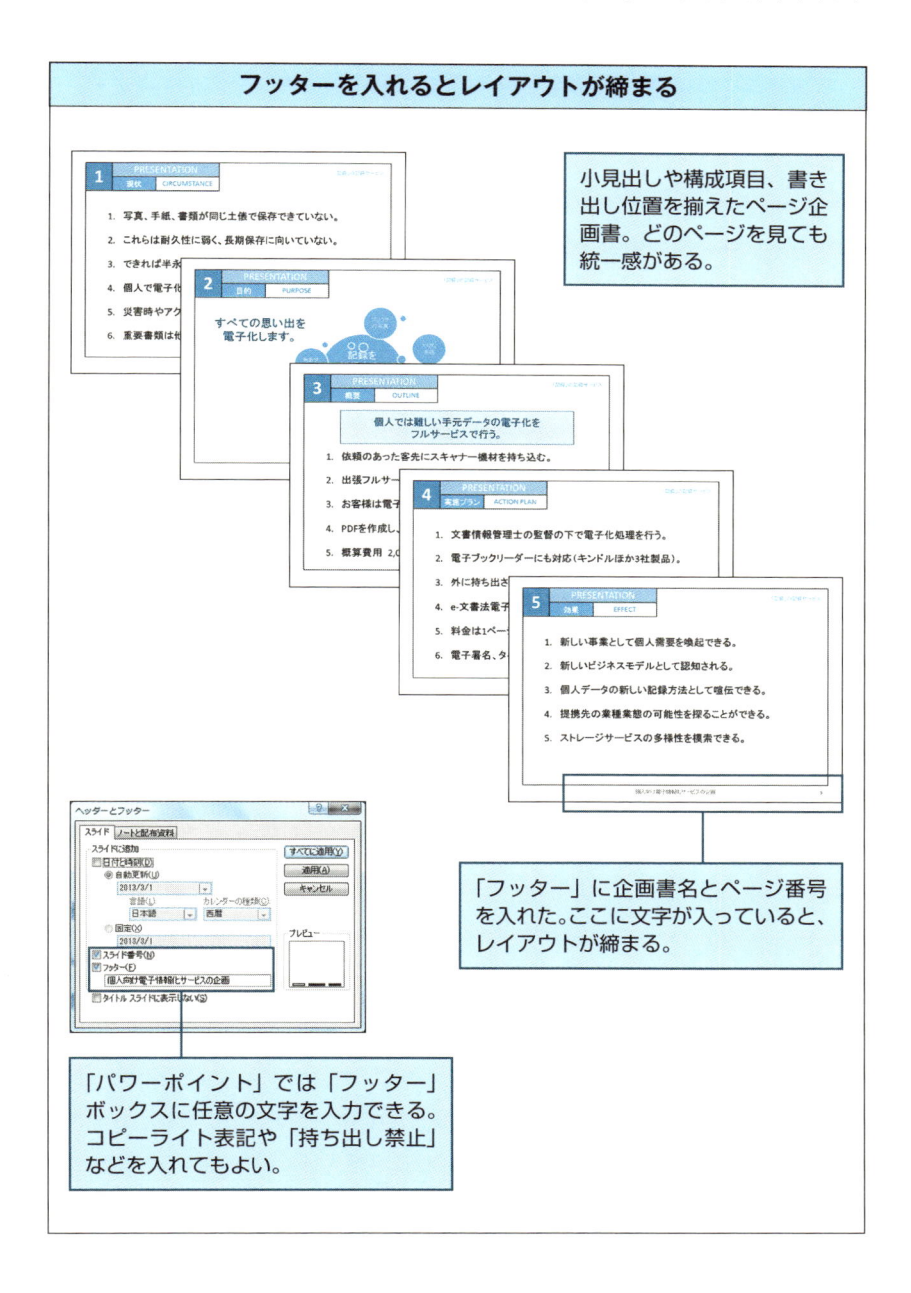

【アイキャッチ】ひと目で読み手の心をつかむ

5-4 アイキャッチで「つかみはOK」

チラシや雑誌などの媒体広告は、「見た瞬間に心をつかむ」ことが求められます。消費者の興味の有無に関係なく、物やサービスを宣伝して見込み客を取り込みたいので、ファーストコンタクトが大切です。

これは、プレゼンを中心としたビジネス資料の立場でも同じです。ページを開いた瞬間に読み手の心がつかめれば、“つかみはOK”になります。

資料を読む前にそうするためには、**「アイキャッチ」**が効果的です。アイキャッチとは、注目度を高めるための視覚的な要素のこと。一言で言えば、最初に目を引くビジュアルを指します。アイキャッチは言葉だけの場合もあれば、ビジュアルだけの場合もあります。両方を組み合わせれば、一層インパクトが与えられます。

企画書や提案書といった資料では、画像を使うのが一般的で効果もあります。アイキャッチとして、どのような画像を使うかが思案のしどころです。

例えば、日本式おもてなしを取り入れるカフェ店舗の企画。香り立つ珈琲の写真も悪くありませんが、日本の美意識の１つである「わび・さび」が感じられる、石庭や和傘の写真はいかかでしょう。カフェと日本様式の対比が際立ち、“つかみ”としては申し分ありません。

また、エスニック商品の開発企画であれば、タバスコの写真を入れてはひねりがありません。著名な辛口評論家の画像のほうが、「おやっ」という意外性が出ると同時に内容の期待値も膨らみます。

このように、アイキャッチとしての画像は内容をイメージできるもの、印象を増幅させるものが効果的です。「読もう！」と思っている人はこちらが黙っていても読んでくれます。一方、できるだけ読みたくない人は、アイキャッチで引き込まなければなりません。最初に強烈な印象を与えられるかどうかが、勝負の分かれ目といえます。

アイキャッチは見た瞬間が勝負だ

Before

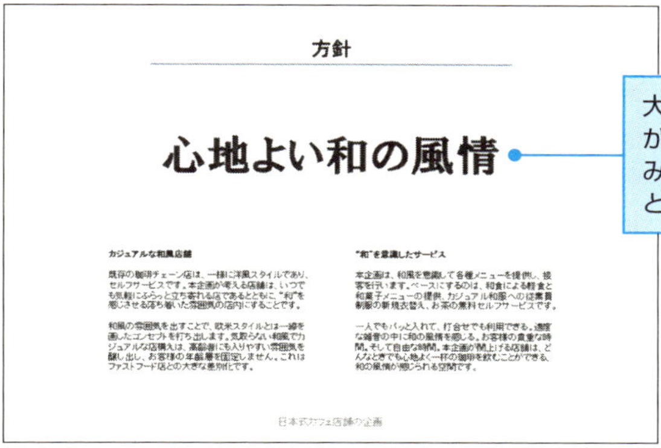

大きな文字が目に付くが、もうひと押しして読み手の興味をつかみたいところ。

After

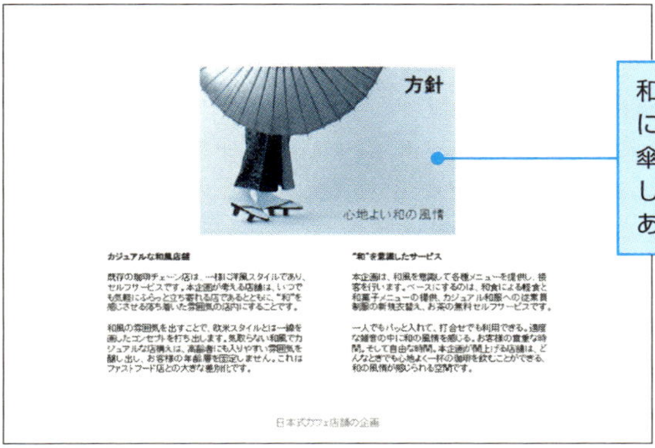

和風写真をアイキャッチに使用。美しい着物と和傘は、ビジュアル素材として十分にインパクトがある。

5-5

【揃え】行内の複数項目は美しく揃える

文字が揃っていると安心する

文字の書き出しが揃っている文章は、それだけで安心します。作り手の細かな気配りを感じる部分なのかも知れません。資料作りの最中では、文字を揃える編集作業は多くの場面で出てきます。このとき知っておきたい機能に**「タブ」**と**「インデント」**があります。

タブは、1行に収まる程度の短い文章を対象に、任意の「○文字目」の場所に書き出しを揃えたり、「○文字単位」で文字列を配置する機能です。[Tab] キーを押すたびにカーソルがジャンプします。タブは罫線のない表と思えばいいでしょう。

一方、インデントは、主に行の左右の端の位置を揃える機能です。行頭の1文字を下げる「字下げ」や、2行目以降の先頭文字を下げる「ぶら下げ」のほか、左揃えや右揃えといった揃えの機能が設定できます。

さて、プレゼンを中心とした資料作りの現場で、このタブとインデントはどのように活用すればいいのでしょうか。

段落の区切りを明示する字下げは、必ずしも必要ありません。企画書や提案書は、字下げしない頭揃えのほうが、きれいに見える場合があります。

また、タブによる文字揃えでは、「○文字単位」の揃えに収まらない文字が1つでもあると、デコボコ感が目立ってしまいます。一番長い文字に合わせてタブを使おうものなら、間延びして見えます。

そこでお勧めなのが、**「タブルーラー」**を使った文字揃えです。これは、1行内での項目単位の不規則な揃えに威力を発揮します。

例えば、金額明細や実験数値のように、1行内に文字と数値を混在させて配置する場合、数値は右揃えで配置したいもの。これには、画面上部のタブルーラーに右揃えの設定をしておけば、自動的に数値だけが右揃えされて、見た目が美しくなります。

タブルーラーで文字位置を自在に操る

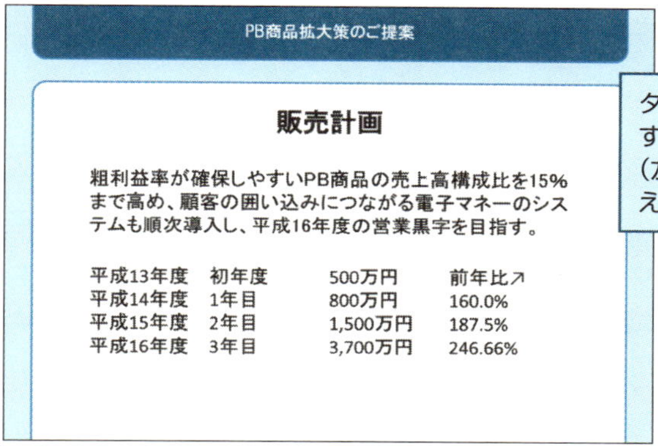
PB商品拡大策のご提案
販売計画
粗利益率が確保しやすいPB商品の売上高構成比を15%まで高め、顧客の囲い込みにつながる電子マネーのシステムも順次導入し、平成16年度の営業黒字を目指す。
平成13年度　初年度　500万円　前年比↗
平成14年度　1年目　800万円　160.0%
平成15年度　2年目　1,500万円　187.5%
平成16年度　3年目　3,700万円　246.66%

Before

タブによる揃えなので、すべての項目が頭揃え（左揃え）になる。見栄えとしてはイマイチだ。

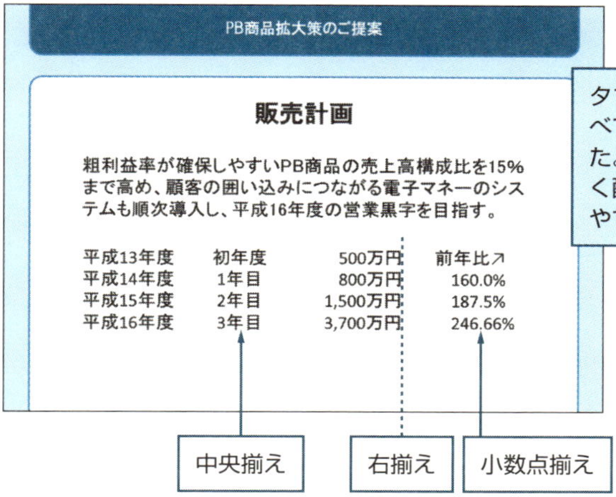
PB商品拡大策のご提案
販売計画
粗利益率が確保しやすいPB商品の売上高構成比を15%まで高め、顧客の囲い込みにつながる電子マネーのシステムも順次導入し、平成16年度の営業黒字を目指す。
平成13年度　初年度　500万円　前年比↗
平成14年度　1年目　800万円　160.0%
平成15年度　2年目　1,500万円　187.5%
平成16年度　3年目　3,700万円　246.66%
中央揃え
右揃え
小数点揃え

After

タブルーラーを使ってすべて異なる揃えを設定した。すべての項目が美しく配置されているので見やすい。

5-6

【段組み】段組みで文章を読みやすくする

1行を短くして整然と見せる

カタログやパンフレット、雑誌といった文字数の多い文章は、よく**「段組み」**でレイアウトされます。段組みとは、文章の表示する横幅を2つ以上に分けて1行を短くすることです。

段組みのメリットは、読みやすくなることです。1行の長さが短い文章は、目で追いやすく、長いものでも読みやすくなります。

ビジネス資料に読みやすさを求める声は、カタログ以上です。連綿とした文章が左右一杯に流れている文面を見ると満腹感が漂いますが、段組みで一気に解消できます。

「パワーポイント」で段組みを作るのは簡単です。段組み機能が用意されていますので、段数と段間の余白（マージン）を指定するだけです。「パワーポイント2003」以前のバージョンに段組み機能はないのですが、テキストボックスを左右に並べればそのように見えますので、特に不都合はないでしょう。

ビジネス資料では、写真やグラフといったビジュアル素材がよく使われます。段組みに沿ってこれらを配置すると、整然としたレイアウトになります。特に仮想線（90ページを参照）を意識してレイアウトすると、一層読みやすくなるはずです。

一般に、雑誌のコラムやブログなど読ませる内容が主体のものは、段数を少な目にして視線の移動を抑えています。一方、情報量が多い情報雑誌などでは4、5段組みのレイアウトが多く、賑やかな印象を作っています。

ビジネス資料でも、ページ企画書で安定感や安心感を出したいなら2段組みにして、1枚企画書のように「見せる紙面」で訴求したいときは、2段組み以上で全体が見渡せるようにコンパクトにまとめるといいでしょう。資料を手にした読み手に「読みやすそうだ」と思わせるには、段組みは欠かせないテクニックです。

文章が多ければ、段組みで1行を短く

Before

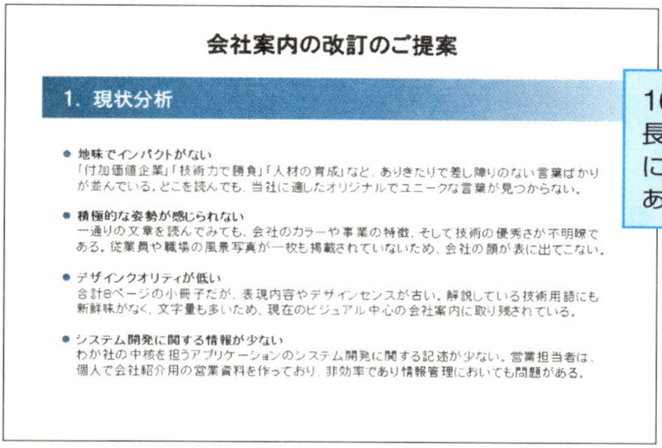

16ポイントの文章が長々と続くページ。全体に間延びしている感じがありありだ。

After

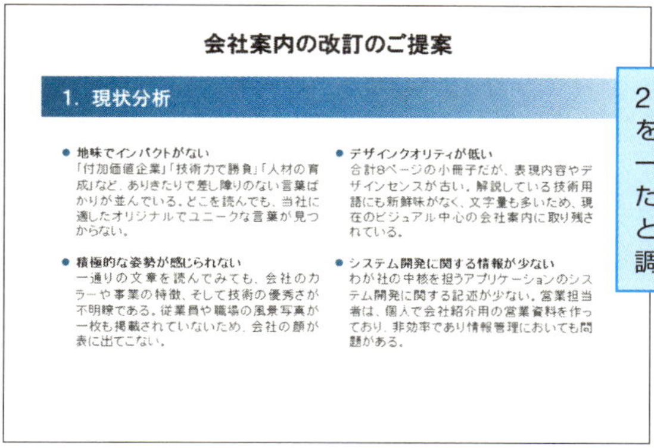

2段組にして段間の余白を「0.6cm」に設定した。一見して読みやすくなった。余白は文字の大きさと全体の文章量で上手く調整したい。

5-7

【帯処理】太いラインで全体を引き締める

帯でレイアウトの屋台骨を作る

紙面を印象的に見せるレイアウトの１つに「帯（おび）処理」があります。帯とは着物の帯であり、本の帯といえば、書籍の表紙の下に巻かれた紙のこと。紙面上にこの「帯」を模して配置することを帯処理と言います。帯処理をすると、安定感あるポイントが生まれて紙面全体が引き締まります。

通常、四角形を色ベタで塗りつぶして適度な幅や長さの帯としますが、紙面を占める版面率が高まるため、必然的にデザインの屋台骨に仕上がります。したがって、グラフや写真など、視覚に訴える情報要素がないときに帯処理をすれば、手っ取り早くアクセントの効いたレイアウトが作れます。

もっとも簡単な帯処理は、最上部の横ラインまたは左端の縦ラインに作る方法です。上部端に３、４センチの高さの横ラインを作って、そこに大見出し（タイトル）を白抜き文字で乗せると、それだけでカタチになります。

一方、左端に縦ラインで作ると、一般にホチキスなどで綴じられる余白部分（マージン）に色が付くため、ページをめくる手にもリズム感が出ます。縦に現れた一本のラインは、紙面全体を引き締めるのに十分な効果があります。

このように、帯処理は配置バランスにさえ気をつければ、大げさな図解をしなくても全体をきれいに仕上げてくれます。帯は図形ですから、影を付けたりパターンで塗りつぶしたり、グラデーションで変化を付けたりして、存在感に強弱を付けることも可能です。

また、写真を使って帯を作る手もあります。写真という個性の強い要素は、アイキャッチと同様の効果をもたらすデザインの１つとして使えます。同時に、主旨に合った最適な写真を使えば、双方の存在感により読み手の想像と理解を強く促進してくれます。

パッと作れて全体が引き締まる

Before

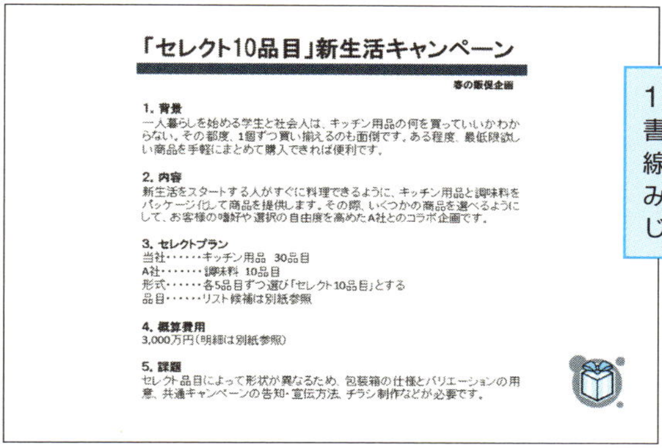

1 枚のカジュアル企画書。デザインは上部の罫線と下にあるイラストのみ。全体的にさびしい感じだ。

After

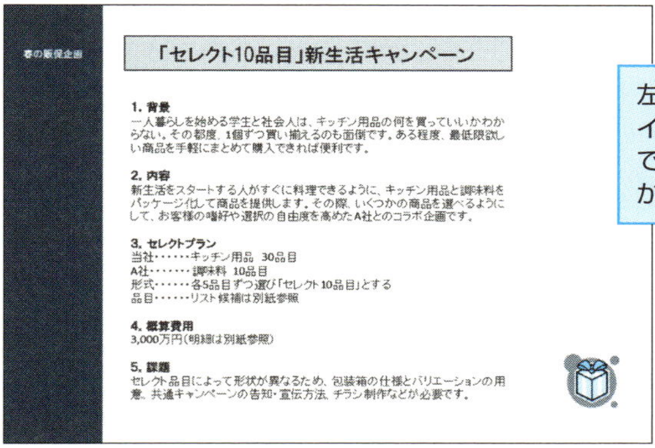

左端に 4.2cm の縦帯ラインを作った。これだけで全体が締まって見えるから不思議だ。

5-8 【カラーリング】メッセージに合った適切な色を選ぶ

色の選び方ひとつで印象が変わる

資料作りのレイアウトは、多くの色を扱う作業でもあります。色については第３章（86ページを参照）で簡単に述べましたが、ここでいくつかの補足をしておきましょう。

色は人の感情に直接的に訴えますので、色自体で主旨の伝達や想像を増幅させる働きがあります。したがって、色が持つ性質を理解した上で正しく使えば、紙面が読みやすく説得力のあるものになります。

例えば客先へのプレゼンでは、相手企業のコーポレートカラーを使って印象強く訴求したり、自社商品の売り込み資料なら商品のキーカラーで仕上げるのもいいでしょう。

さて、「パワーポイント」で文字や図形、グラフや写真など、情報要素の色を操作するときは、リボンやメニューのほか［色の設定］ダイアログボックスを使用します。ここではカラーパレットから選択する基本色から、自分で指定するオリジナル色までを自由に扱えます。

［標準］タブのカラーパレットは、蜂の巣状のパレットです。「白」を中心にして上方に寒色系、下方に暖色系、左右に中性色の色が配置されています。下段には、白と黒とさまざまなグレー色が用意されています。

カラーパレットは、放射状の対称位置にある色が「補色（反対色）」になります。補色は互いの色を引き立てる効果があり、黄色と紫、赤と緑、青と橙が補色の関係です。これを知っておくだけでも、配色のセンスアップに役立ちます。

もう１つの［ユーザー設定］タブでは、「RGB」の番号で色を指定できます。RGBはコンピュータで色を表現するのに使用する方法の１つで、「R(赤)・G(緑)・B(青)」の３色の組み合わせで表現します。主な色は「赤(255, 0, 0)」「緑(0, 255, 0)」「青(0, 0, 255)」「黄(255, 255, 0)」「シアン(0, 255, 255)」「マゼンタ(255, 0, 255)」「金(255, 215, 0)」です。

色はメッセージそのものだ

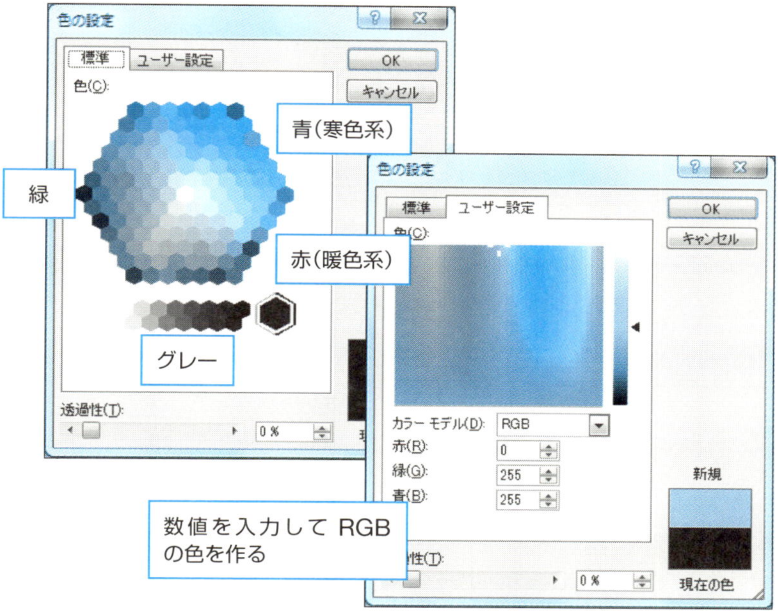
色の設定
標準
ユーザー設定
OK
キャンセル
色(C):
青(寒色系)
緑
赤(暖色系)
グレー
透過性(T):
0 %
カラー モデル(D):
RGB
赤(R):
0
緑(G):
255
青(B):
255
新規
現在の色
数値を入力して RGB
の色を作る

【覚えておきたい用語】

明度	色の明暗のこと。明度の一番高いのが白、低いのが黒、中間にさまざまな濃さのグレーがある。
彩度	色みの強さや弱さのこと。青とスカイブルーでは、青が彩度が強くスカイブルーが弱い。
色相	色の種類、いわゆる「色み」のこと。大きく暖色系、寒色系、中性色に分かれる。
色相環	色相に順序を付けて、その変化を円周上に配置したもの。色みが変化するさまがわかる。
補色	性質が最も異なる色で色相差が最大になる色。それぞれが引き立て合って鮮やかに見える。
トーン	明度と彩度で作られる色の調子。ビビッド（鮮やかな）やペール（淡い）など多くの表現がある。
グラデーション	色を段階的に変化させて動きを表現する方法。配色が滑らかになってリズム感が生まれる。

【ワンポイントカラー】１カ所で強烈な印象を残す

5-9 コントラストがメッセージを強調する

１ページ内には「ここを見て欲しい！」という場所があるものです。そんなときは、「あれもこれも」という気持ちをグッと抑えて、１箇所だけ目立たせるのが賢明です（82ページを参照）。１箇所だけ目立たせるために、**「ワンポイントカラー」**という方法があります。モノクロ（白黒）の中に１色だけカラーを作り、相対的にそこを強調させる方法です。

プレゼンや会議用の資料では、色彩が鮮やかなカラー出力が好まれます。しかし、紙面すべてがカラーなのは、もしかしたら過剰なのかも知れません。むしろ強調したい部分にだけ着色してあるほうが、大切なメッセージを際立たせる上では効果的といえます。

例えば、提案書の「企画主旨」ページにある「婚活セミナー」のキーワード。モノクロの人物写真の上に、赤文字でこのキーワードが乗っていれば、目立ちます。誰もが「なんだろう？」と思うはずです。

また、新規事業の効果予測の棒グラフではどうでしょう。３年後に黒字化できる予測を提示するのに、その要素棒だけ黄色の色が付いていたら、思わず「本当か？」と興味を抱くことでしょう。

なぜワンポイントカラーが目立つかというと、色のコントラスト（視覚的な特徴の差、色の対比）が出るからです。補色、明度、彩度（147ページを参照）などのコントラストで作り出されたワンポイントカラーは、強調の役割を果たすばかりか読み手の理解や記憶を促すという効果も期待できます。わかりやすい資料を作るために、ぜひ一度トライしてみてください。

現実的な話をすれば、カラー印刷のランニングコストはプリンターのカートリッジに依存します。つまり、使った分だけコストがかかるということ。ワンポイントカラーなら“ほんの少しの着色”なので、さほどコストもかからないというわけです。

コントラストを使って目立たせる

婚活セミナー
企画主旨
出会いがない。
接し方がわからない。
自分に自信が持てない。
どうせダメだろう。
素敵な恋愛をしたいのに、理想が高かったりむやみに自分を卑下したり。
これらの消極性を解決して、自分らしさに気づき、楽しい恋愛を楽しむ。
そのために必要なコミュニケーション能力を身に付けられる講座を開講いたしました。
その名は「婚活セミナー」です。
ここは男女がともに学ぶことで、より実践的なコミュニケーション力が磨けます。
恋愛に必要な「相手の気持ちを読み取る力」
そして「自分をアピールする力」を学びます。
当講座で学んだコミュニケーション能力で、あなたは必ず笑顔になることでしょう。
私たちは恋愛で成長したい方々を応援します。
セミナー概要
男女とも参加していただく体験型講座です。世界各地の俳優養成所などで導入されている、メソッドアクティング理論をベースに、自己開発訓練のトレーニングシステムから開発しました。
参加者の皆さまには、トレーニングシステムとして海外で開発されたプログラムを体験していただきます。これを通じて、楽しみながらコミュニケーション能力を磨いていただきます。
当講座では、座学では得られない"学びの実感"を得ることができます。相手の心の動きを感じ取ること、実際に感じたその感情を丁寧に表現すること、相手の行動を期待する方向へ誘導することなど、多くのことを学びます。
「婚活セミナー」では、実践的なトレーニングによって自分の感情をコントロールし、相手を動かす方法を学習していただき、恋愛活動に生かしていただきます。

「婚活セミナー」というキーワードにワンポイントカラーを加えた例。否応なくこの言葉に視線が行く。

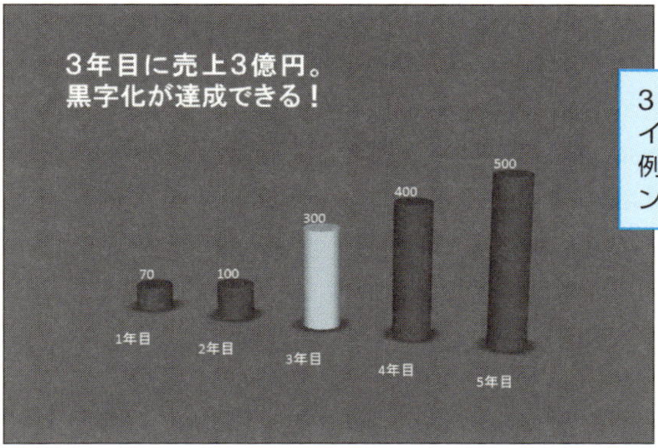
3年目に売上3億円。
黒字化が達成できる！
70
100
300
400
500
1年目
2年目
3年目
4年目
5年目

3年目の要素棒にワンポイントカラーを加えた例。背景のグレーとのコントラストが際立つ。

5-10 【アニメーション】動きでワクワクさせる手もある

アニメーションで楽しさを前面に出す

「パワーポイント」の特徴的な機能に**「アニメーション」**があります。自分が作ったストーリーに合わせて文字や図形、グラフや写真といった情報要素を動かして、聞き手をグッと引き寄せるための機能です。見るほうは、画面の変化による驚きや興奮から思わず見入ってしまいます。こんな便利なツールを使わない手はありません。

プロジェクターやPC画面を使ったオンスクリーンのプレゼンでは、パッパッと進めて行くだけでは面白みがありません。ところどころに「へぇ」と思わせる仕掛けがあってもいいでしょう。

いまやiPadを始めとして、タブレットを仕事に生かす時代です。タブレットを使って企画をプレゼンすることもあります。新しいお客様にはスマートな印象と刺激的な印象を与えられます。気心の知れた相手なら、少しオーバーなアニメーションの演出があってもよいでしょう。

さて、派手で楽しいアニメーションですが、無用に使う必要はありません。何でもかんでも動かしていては、見るほうは忙しく、安心して内容を吟味できません。

そのページのキーワードを見せるときに「スライドイン」させる。

新商品を見せるときに商品写真を「スピン」させる。

結論にたどり着いたら「チェッカーボード」で画面を切り替える。

このようにアニメーションや画面を動かす場面は、自分でルールを作ってその動きに適切な意味を持たせてください。そうすれば、「キーワードが飛び出したからメモしておこう」「画面が切り替わったから新しい項目かな?」と、見るほうは意識の準備とリフレッシュができるようになります。

アニメーションは“つかみ”としては十分ですが、「それが何か?」と言われないように、ポイントを押さえて使用しましょう。

動きで見る者を魅了する

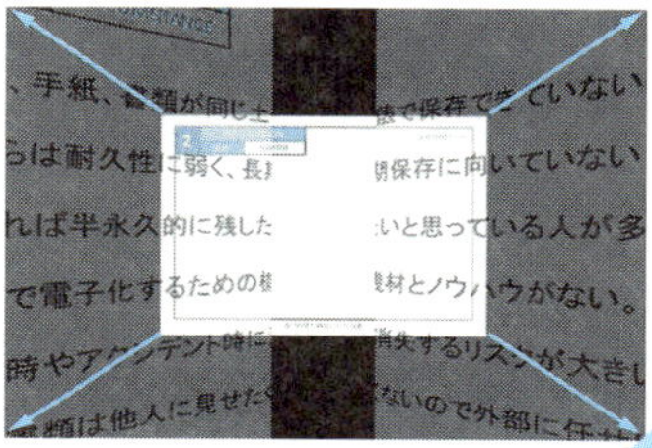

扉が開くような画面切り替えで 2 ページ目のスライドが出てくる。

図解の動きが始まる。

図解を構成する個々の図形が少しずつ現れてくる。

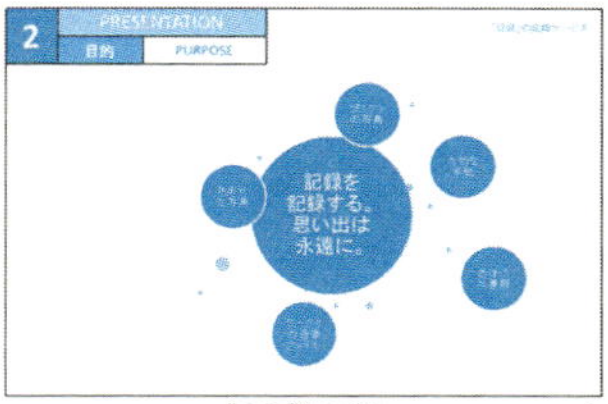

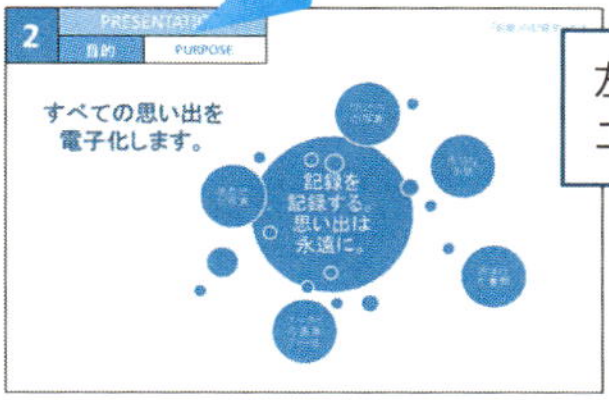

左上に文章が出現してアニメーションが終わる。

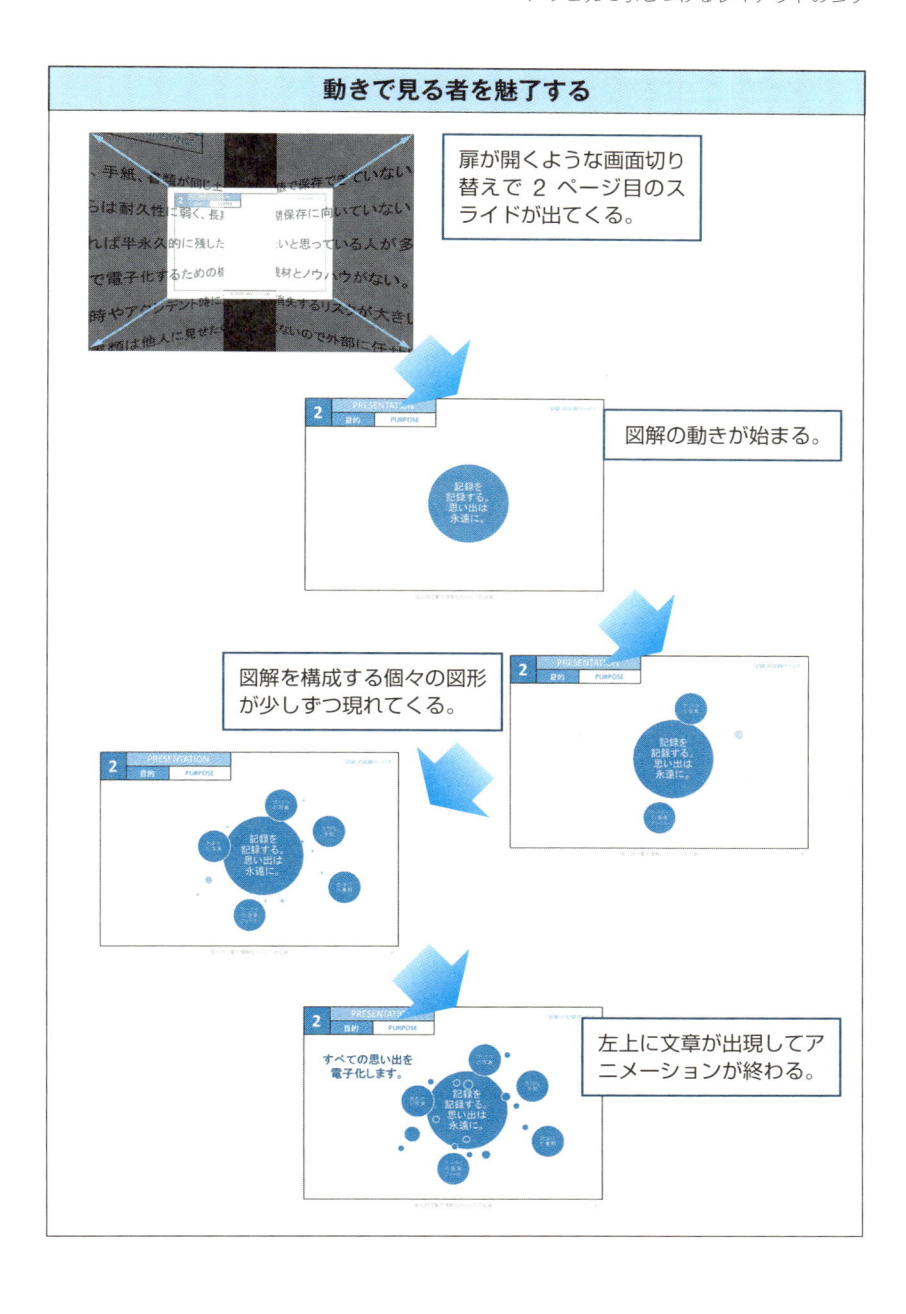

Column 佐藤君パワポで初めての1枚企画書作り ビジュアル編

わかりやすい資料に仕上げる

パワポの操作とレイアウトに没頭するあまり、何となく説明していては、読み手に「結局何がいいたいの？」と思われてしまいます。内容については細部にまで目を凝らし、矛盾のないストーリー作りが必要です。

(1) 小さな流れを加える

これで紙面を構成する要素は、大体配置できたわね。今度は小さな流れを付け加えましょう。

さっき作った視線の流れとは、違うんですか？

あれは大きな流れ。小さな流れは、読み手が視線を動かす順番であり文章を読む順番。この道しるべがないと、こちらの主旨が正確に伝わらないでしょ。

確かに。読む順番が違うと、説明の意味も変わってしまいますね。

読む順番を決める過程では、キーワードや文章を追加する作業も出てくると思うわ。論旨を吟味して説得力を高める思考の再整理が必要な場面ね。

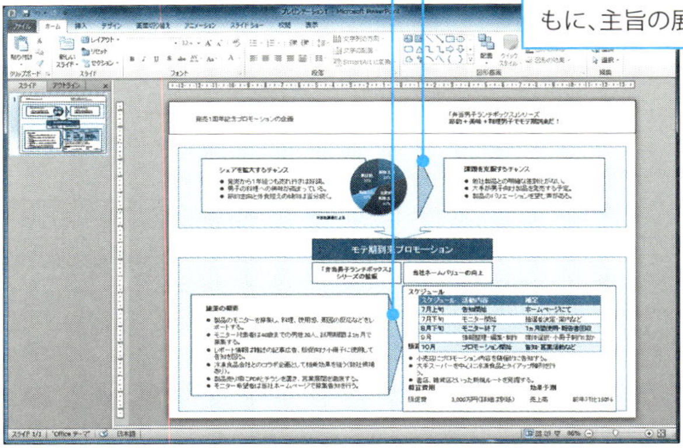

大きな流れの中に小さな流れを作る。読む順番を明示するとともに、主旨の展開が表現できる。

(2) 全体を1枚の絵のように見せる

ここで各要素を関連付ける作業もやっておきましょう。

要素を関連付ける作業ですか？

文章やキーワードを図形で囲み、関連性のあるもの同士を線で結んだり重ね合わせる処理のことよ。

そっか、流れを作りながら情報の関連付けを行うことで､主旨を明確に表現していくんですね。

そう。何度か作り直していくうちに体裁が整理されて、まとまりのある関係性が見えてくるはずよ。考えもどんどん発展するわ。ここでカラーリングもやっておきたいわね。

当初は曖昧だった各要素が、紙面上でだんだんハッキリしてきましたね。

1枚企画書だから、全体を一枚の絵のように見せられればベストね。

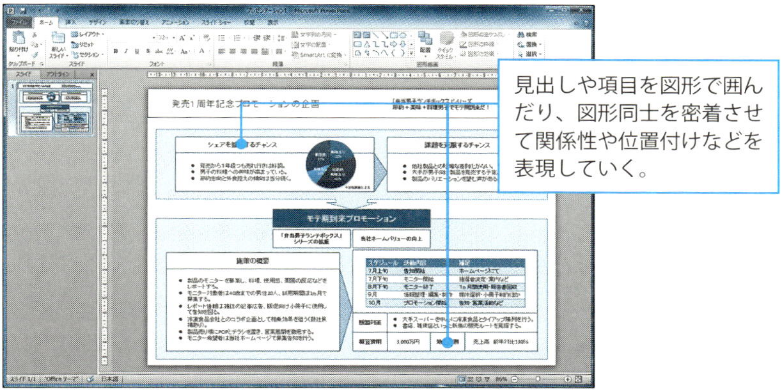
見出しや項目を図形で囲んだり、図形同士を密着させて関係性や位置付けなどを表現していく。
モテ期到来プロモーション
施策の概要

(3) 結論を用意し、そこに導く

三田さん、ほぼ出来上がりました。

そうね。じゃあ、最後にストーリーを検証して
おきましょう。

論旨のつじつまを検証することですね？

そうよ。大事なのは論旨の到達点となる「結論」が、きちんと書かれてあること。小さな説明の積み重ねを理解して、たどり着いた結論で納得してもらえるように校正してね。

わかりました。曖昧な箇所は失くしておきます。

これでパワポの操作は終了ね。佐藤君、初めての企画書作りご苦労さん。

ありがとうございました。一晩寝かして、明日、最後のチェックをしてから提出します。

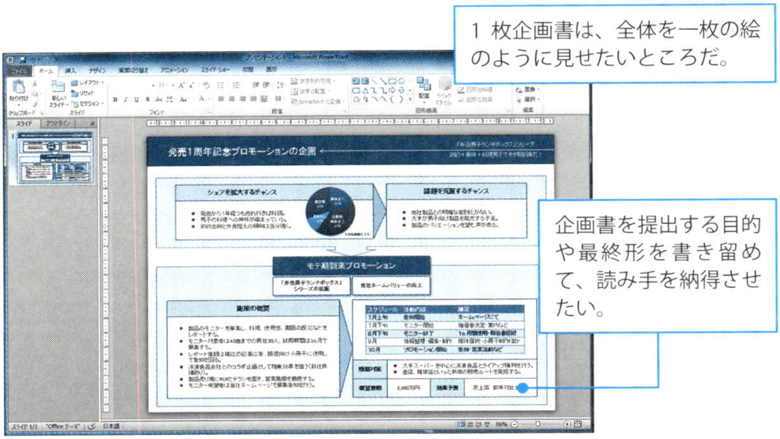
1 枚企画書は、全体を一枚の絵のように見せたいところだ。
企画書を提出する目的や最終形を書き留めて、読み手を納得させたい。
発売1周年記念プロモーションの企画
シェアを拡大するチャンス
課題を克服するチャンス
モテ期到来プロモーション
「弁当男子ランチボックス」シリーズの拡販

第6章

目的を達成する あとひと押しのテクニック

～少しの心遣いで企画が「GO！」しやすくなる～

【費用】企画の実行費用を入れておく

6-1 「一体いくらなの？」と言わせない

徹夜でまとめた資料を持ってプレゼンした。先方の印象は良いような気がするし、イマイチのような気も……。結局「もごもごとした返事しかもらえなかった」ことはありませんか？　これは、相手が返事できる“材料”を提供していないことに原因がありそうです。その不足材料の最たるものが**「実行費用」**です。

プレゼンによる企画の提案では、実行に必要な予算金額を入れておくべきです。あなたは決裁者に、企画を動かしてもらいたいはずです。それなのに、いくらかかるのかがわからなければ、相手は判断のしようがありません。

実行費用とは、先方から見れば予算です。先方だって稟議書を上げ、決裁を受け、予算を確保して初めてその企画が実行できるのです。ビジネスでは、人が動いてモノが動くには、費用の考慮が欠かせません。

とりあえず費用を入れておく癖を付けるといいでしょう。**プレゼンの場では金額は概算でいい**のです。「合計○○○円」「一式○○○円」とひと言入っているだけで、相手は決裁しやすくなります。5000万円の企画に1万円の差異があっても、誰も目くじらは立てないでしょう。細かな見積りは、後日改めて提出すればいいのです。

仮に費用が下がれば先方にアピールできますし、逆に費用が上がってしまったなら、新しいアイデアを補足したり、品質が確保されていることを述べて納得してもらいましょう。

実行予算は1行で書きます。表でまとめる手もありますが、その場合でも明細表はいりません。基本的には合計の行があれば十分です。

例えば、月々発生する費用がある場合には摘要を替えて記述したり、新規コストが発生しないのであれば、ゼロ円を強調するのも、相手から好印象を引き出すテクニックです。実行費用を記述することは、結局は相手への気配りにほかなりません。

概算費用は合計額だけを大胆に記す

Before

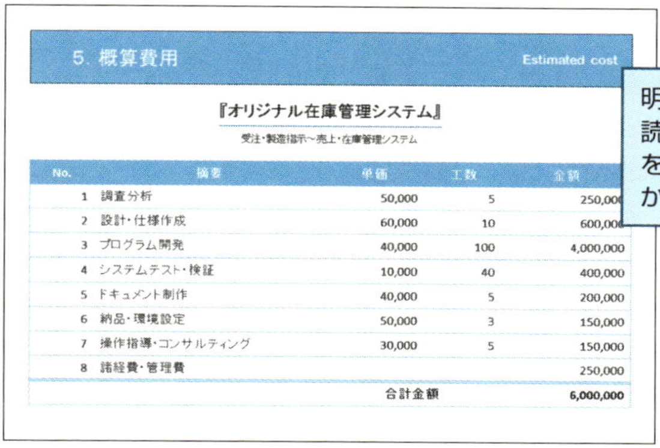
5. 概算費用
Estimated cost
『オリジナル在庫管理システム』
受注・製造指示～売上・在庫管理システム

No.	摘要	単価	工数	金額
1	調査分析	50,000	5	250,00
2	設計・仕様作成	60,000	10	600,00
3	プログラム開発	40,000	100	4,000,000
4	システムテスト・検証	10,000	40	400,000
5	ドキュメント制作	40,000	5	200,000
6	納品・環境設定	50,000	3	150,000
7	操作指導・コンサルティング	30,000	5	150,000
8	諸経費・管理費			250,000
		合計金額		6,000,000

明細を入れた概算費用。読み手はここまでの詳細を必要としているだろうか。

After

5. 概算費用
Estimated cost
『オリジナル在庫管理システム』
受注・製造指示～売上・在庫管理システム
● 調査分分析～開発
● テスト・ドキュメント制作
● 操作指導・コンサルティングほか
合計 6,000,000 円

合計金額だけを大胆に大きく記述した。スッキリしているので金額が目に飛び込んでくる。

「明細金額は別紙」と一言入れておけば、なお親切だ。

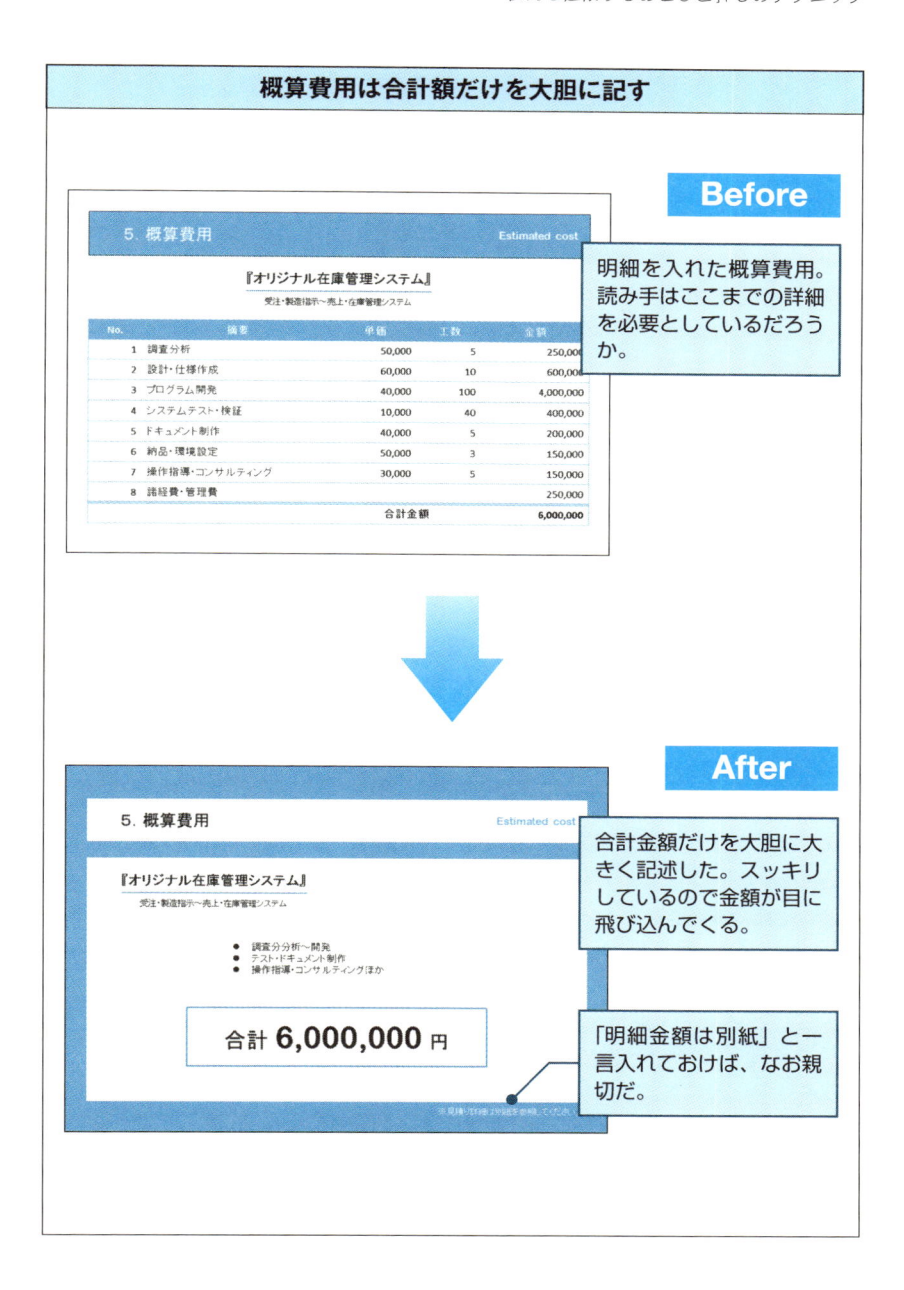

【効果予測】企画の効果がわかるとうれしくなる

6-2 効果予測で信用度をアップさせる

的確なプレゼンの返事がもらえないもう１つの大きな理由は、「効果」があるかどうか、わからないからです。つまり、提案者が企画の**「効果予測」**をきちんと提示してないからです。「効果なんてわからないよ」と言うなかれ。いまや、効果の出ないものには一銭たりとも出せない時代です。

効果予測とは、企画を実行することで得られる効果のこと。「このような効果がある」と伝えることで、企画やアイデアの魅力を高めるのです。このときは先方のメリットを強調してください。ただし、誇張し過ぎないほうが相手の信頼を得やすくなるでしょう。

決裁者は、費用対効果の面で判断します。効果もわからず、曖昧な表現のままでは、「何とも言えない」と返事せざるを得ないでしょう。

効果は具体的であればあるほど、期待が高まるもの。効果予測はできるだけ数値で表してください。例えば、「売上金額○○円」「○○％アップ」「○人増加」「アクセス数○○件」といった具体的な数値です。

効果予測の見せ方は、シンプルに１行で記述するのが簡単です。また、グラフで見せてもいいでしょう。視覚でアピールするグラフならば、自ずと説得力も高まります。企画や提案の内容によっては実物か、なければ同等のものや事例を用意するのも演出的にありです。

商品化企画であればモックアップ（実物大模型）、制作・開発企画であればカンプや仮想デモンストレーションが見せられます。また、同業他社のケーススタディを紹介して実際の効果を見せたり、新しい切り口ならプラスアルファを加えて訴求できるでしょう。雄弁より実物が効果的なのは当然です。

効果予測を押さえることで、内容の信頼性が間違いなくアップします。資料が一人歩きすることを考えて、最後のページに「効果予測」の項目をしっかり記述しておきましょう。もう一押しの努力です。

「効果」を明記して最後のプッシュ！

数字で記載した例

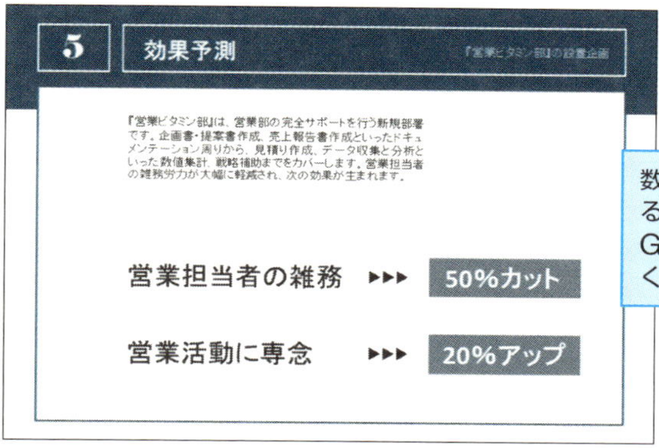
5
効果予測
『営業ビタミン部』の設置企画
『営業ビタミン部』は、営業部の完全サポートを行う新規部署です。企画書・提案書作成、売上報告書作成といったドキュメンテーション周りから、見積り作成、データ収集と分析といった数値集計、戦略補助までをカバーします。営業担当者の雑務労力が大幅に軽減され、次の効果が生まれます。
営業担当者の雑務 ▶▶▶ 50%カット
営業活動に専念 ▶▶▶ 20%アップ

数字で明確に効果を伝える。これで決裁者がGO サインを出しやすくなる。

文章で記載した例

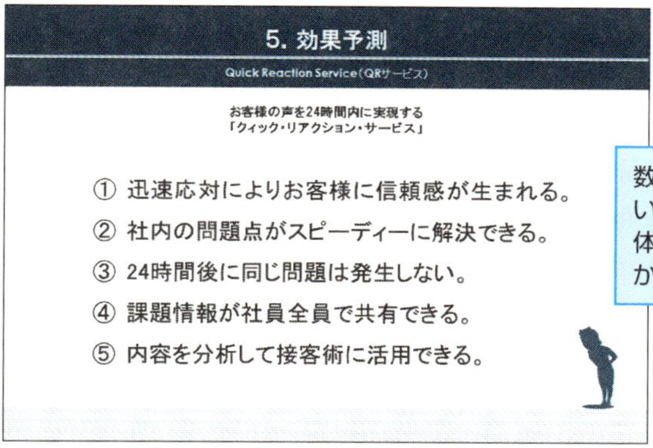
5. 効果予測
Quick Reaction Service（QRサービス）
お客様の声を24時間内に実現する
「クイック・リアクション・サービス」
① 迅速応対によりお客様に信頼感が生まれる。
② 社内の問題点がスピーディーに解決できる。
③ 24時間後に同じ問題は発生しない。
④ 課題情報が社員全員で共有できる。
⑤ 内容を分析して接客術に活用できる。

数値で効果を表現しにくい場合は、できるだけ具体的に、変化後の姿がわかる言葉で表わす。

6-3 【スケジュール】予定を見て実現性を評価する
全体進行がわかれば、ざっくりでOK

内容は説明した。期待される効果と予算も出した。「さぁ、決めてください」。ちょっと待ってください。大事な**「スケジュール」**は、きちんと書かれてありますか？

スケジュールは、提案した内容を計画通りに進めるために必要です。決裁者はスケジュールを見て、企画の実現性を評価します。いつスタートできるか、いつまでに終わるのか、最終の納期は大丈夫かなど。

これらを記述することは、企画の根拠や行動力を提示することです。しっかり書かれたスケジュールは「こうやって予定に間に合わせます」という自信を添えた実現性の高い日程ですから、相手に安心感を与え信頼感を植え付けます。やはり、企画書や提案書にスケジュールという項目は欠かせません。

また、具体的なスケジュールを立てると、提案する側と受ける側の双方が企画のブラッシュアップに励みます。「準備期間が足りない」「あの作業が抜けている」「この日は不在だ」「ここは当社がやろう」といった足りないものや余分なものが見え、互いの役割を確認できます。

スケジュールの書き方に決まりはありません。企画書のスケジュールは実際の計画書とは違うので、全体がどのように動いていくかがわかる程度で構いません。縦に作業項目、横に時間軸を取るのが一般的なスタイルです。いわゆる**「ガントチャート」**と呼ばれるものです。

ガントチャートは、複数の作業を並べ、矢印を入れて時間の区切りをハッキリさせます。仕事の工程とボリューム、重なりが表わす混雑具合が一目でわかり、直感的に理解できるメリットがあります。

紙面の都合がつけば、スケジュールはガントチャートを使い、大きな時間単位でざっくりと作りましょう。その際、トラブルが生じたときのリスクや対処期間をコメントしたり、将来に向けた追加工程を付加しておけば、相手も興味を持ってくれることでしょう。

計画全体が眺められる見せ方を！

Before

6. スケジュール　　社史編纂&リボーンプロジェクト

進行スケジュール（予定）

企画・構成	6月初旬	～	6月末
取材・インタビュー	6月中旬	～	7月末
原稿作成	7月初旬	～	8月半ば
原稿整理	8月初旬	～	9月半ば
レイアウト	8月20日	～	9月21日
校正	9月17日	～	10月6日
印刷・製本	10月29日	～	11月16日
納品・検品	11月19日		

文字で表したスケジュール。各項目の相対的な長さやボリュームが比較できない。

After

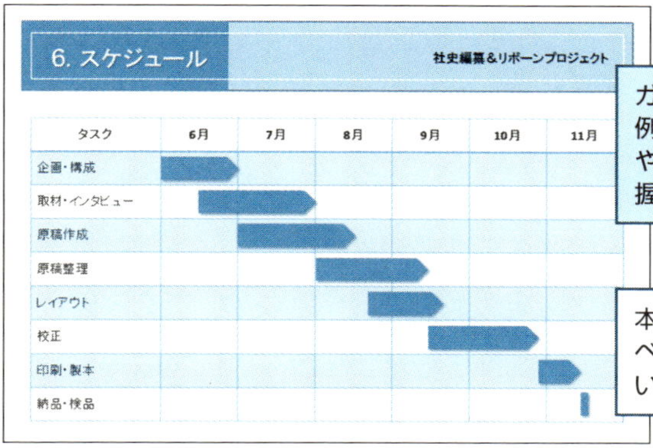
6. スケジュール
社史編纂&リボーンプロジェクト
タスク
6月
7月
8月
9月
10月
11月
企画・構成
取材・インタビュー
原稿作成
原稿整理
レイアウト
校正
印刷・製本
納品・検品

ガントチャートで表した例。各項目の重なり具合や込み具合が直感的に把握できる。

本例は表の上に「ホームベース」の図形を乗せている。

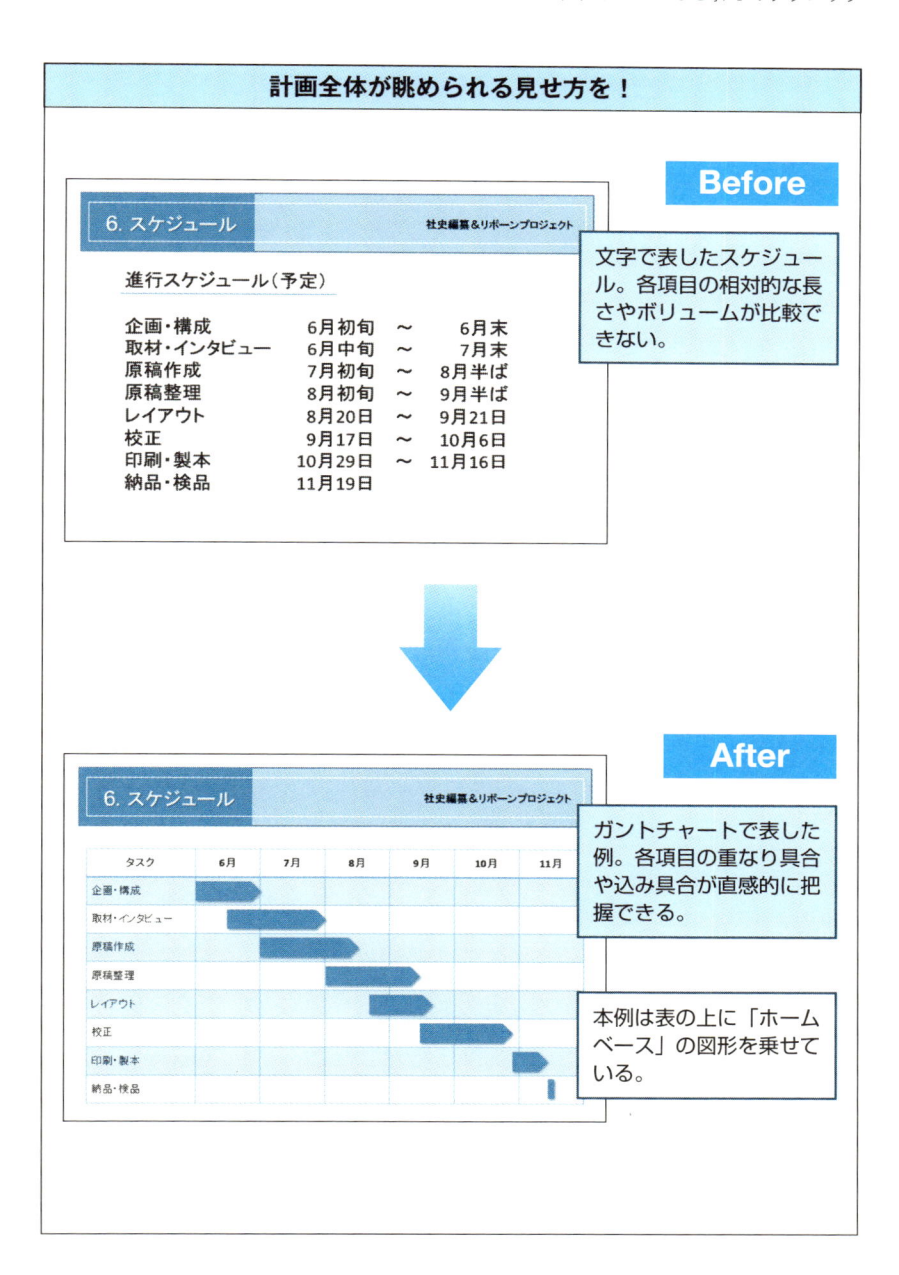

6-4

【要約】一部を読んで理解できる資料にする

要約は「内容を一言で表すと…」

企画書や提案書は、簡潔であるほど理解しやすくなります。くどくど書かないようにする、または読み手の理解を進めるテクニックに「要約」があります。

要約とは、話や文章の要点を短くまとめること。英語では「サマリー」。要約は、いわゆる「一言で言うと……」に相当します。長々となりそうな文章、複雑になりそうな図解を一言で表現する方法です。

例えば、「ケータイ利用者にアンケートを実施し、回答者にはポイントが貯まり、データを購入する企業は戦略データに活用でき、同時に広告配信もできる」といった事業化の提案。それぞれの立場で説明すると長い解説が必要になり、図解すれば作り方が複雑になりそう。

ここで「要約」です。一言で言うと、「ケータイを使った利用者参加型の市場調査。利用者はポイントを集め、企業は戦略データに活用すれば、双方にメリットがある企画」となります。

少ない文章でまとめてある。最も言いたいことや結論が書いてある。これは「シンプルに伝える」ことでもあり、相手が納得できてわかりやすい資料へのアプローチになります。

ビジネス資料で要約を使用する場合は、以下の２点が考えられます。

①ページ企画書で全体を要約したページを設ける場合

②そのページで最も主張したいことや結論を書く場合

①の場合は、冒頭に要約ページを入れることで、読み手は容易に提案ポイントがつかめるようになります。全体像を示してから細部説明に入るという手順は、わかりやすい資料の鉄則です。途中に要約ページが設ける場合も、全体を引き締める効果が期待できます。

②の場合は、そのページ内で最も重要な箇所を簡潔に整理するエリアになります。やはりここを読めば、ページ内の主旨がひと目でわかるようになります。

要約もわかりやすくまとめる

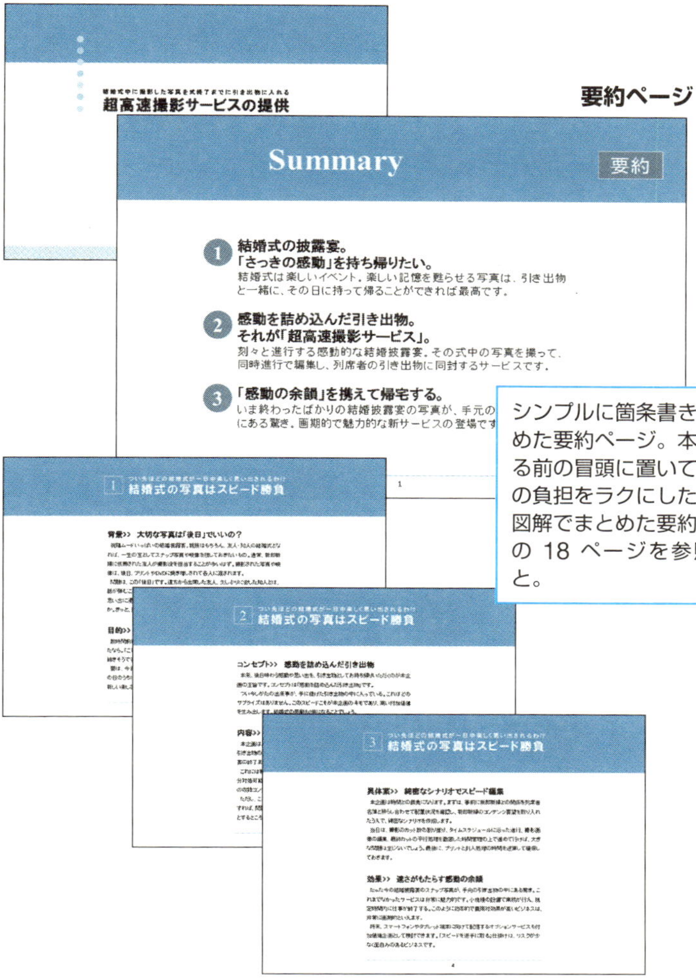
要約ページ
結婚式中に撮影した写真を式終了までに引き出物に入れる
超高速撮影サービスの提供
Summary
要約
1 結婚式の披露宴。
「さっきの感動」を持ち帰りたい。
結婚式は楽しいイベント。楽しい記憶を甦らせる写真は、引き出物と一緒に、その日に持って帰ることができれば最高です。
2 感動を詰め込んだ引き出物。
それが「超高速撮影サービス」。
刻々と進行する感動的な結婚披露宴。その式中の写真を撮って、同時進行で編集し、列席者の引き出物に同封するサービスです。
3 「感動の余韻」を携えて帰宅する。
いま終わったばかりの結婚披露宴の写真が、手元の
にある驚き。画期的で魅力的な新サービスの登場です
1 結婚式の写真はスピード勝負
背景>> 大切な写真は「後日」でいいの？
2 結婚式の写真はスピード勝負
コンセプト>> 感動を詰め込んだ引き出物
3 結婚式の写真はスピード勝負
具体案>> 綿密なシナリオでスピード編集
効果>> 速さがもたらす感動の余韻

シンプルに箇条書きでまとめた要約ページ。本文に入る前の冒頭に置いて読み手の負担をラクにした。なお、図解でまとめた要約の例はの 18 ページを参照のこと。

6-5 【実行課題】実行時の課題点を挙げておく

実行課題をさらけ出して信用を得る

プレゼンでは「これができる」「あれもできる」と、自分の能力を超えた提案をしがちです。大風呂敷を広げるのはよくないが、能力の限界に挑戦する「その心意気やよし」の考え方です。

確かにその通りですが、相手が信頼して任せたのに「ダメだった」では、ビジネスにはなりません。仕事を進める上では、商品の遅延や受発注ミスから単なる勘違いまで、予定通りにいかない原因は尽きません。これらを解決し、完遂してこそ「任せてよかった」となります。

企画書では、**「実行課題」**を挙げておくのも大切なことです。実行課題とは、企画を進める際に生じる障害や解消すべき課題のこと。企画を実施すると、多様な人と会社が絡みますから、いろいろな課題が出るのも当然のことです。

例えば、「その週は、計画通りにパートのシフトが組めない」といった身近なことから、「このまま円安ドル高が続けば、提示金額での資材調達が難しくなる」といったグローバルなことまであるでしょう。

実行課題は、自分に不都合な事柄を披露することになります。「正直、言いたくない」「書かなくていいんじゃないか？」と思うのが普通です。しかし、現在わかっていること、将来発生しそうなことを前もって明らかにしておくと、相手からの信頼感が得られます。

敢えて、「これは実行時の課題ですが、ぜひクリアします」と目力を添えて説明すれば、相手は「何とかしてくれそうだな」と感じ取ってくれます。企画の説得力も一気に高まります。

実行課題を書くときは、その対処法や解決手段は必ず用意しておきましょう。課題点をオープンにしたからには、解決の方向性を伝えて相手を安心させることがより重要になります。相手がネガティブにとらえると思いがちですが、案外好意的に受け止めてくれるものです。

正直なリスク記述で信頼を得る

Before

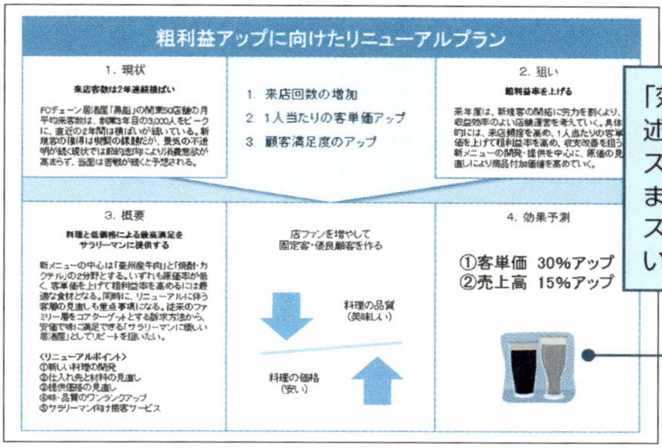

「効果予測」を大きく記述しているだけ。空いたスペースをイラストでごまかさずに、実行時のリスクがあれば、述べてもいい。

After

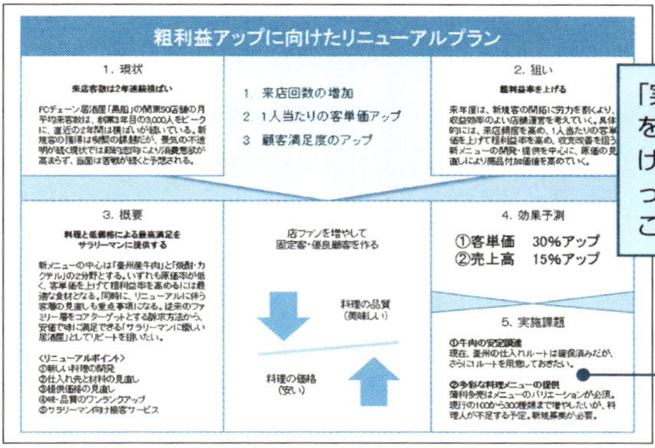

「実施課題」として2点を明記した。対処法が書けない場合は、口頭でしっかりフォローしておくこと。

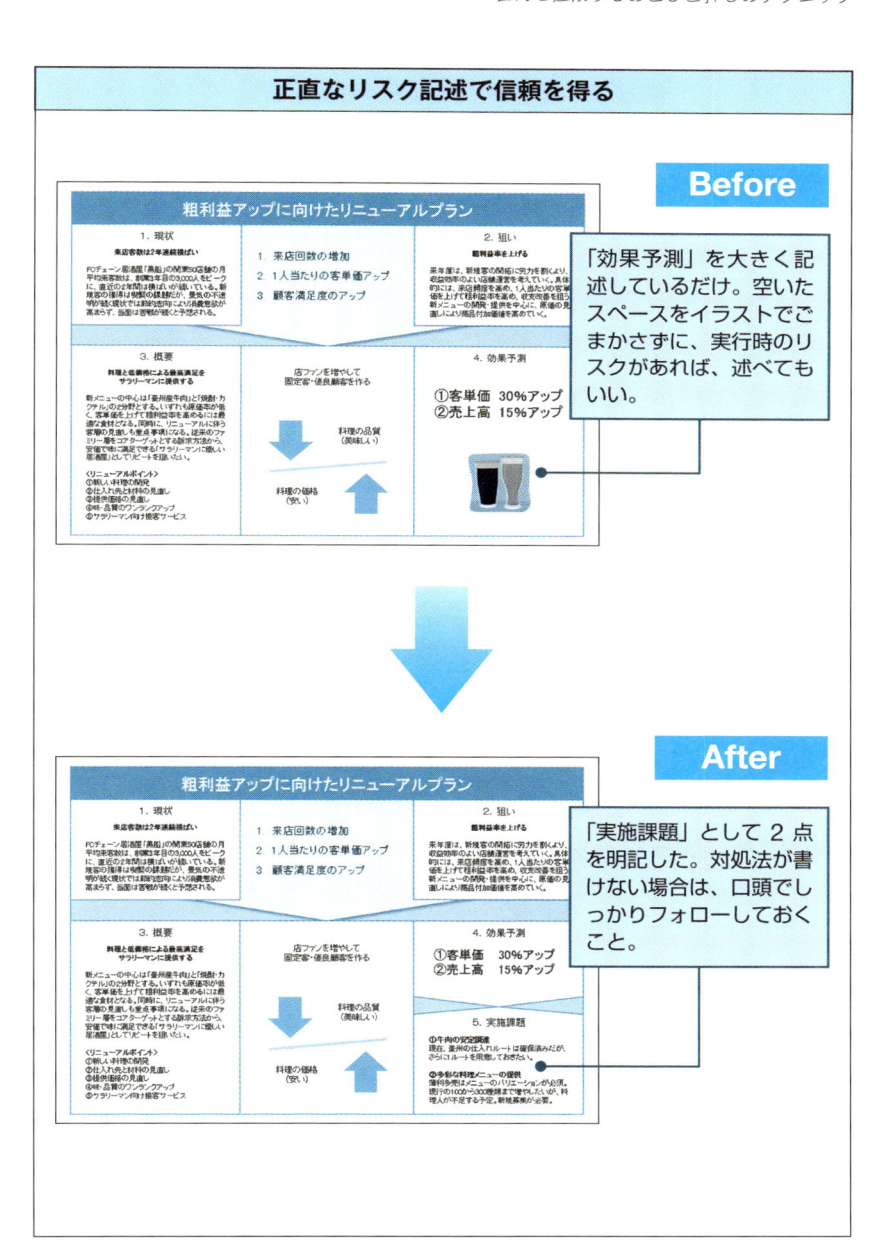

【実行体制】企画を推進する体制を明記する

6-6 企画実行者としての安心感を届ける

企画書や提案書に、**「実行体制」**が書かれてないケースが少なくありません。実行体制とはプランを遂行する人員や組織であり、5W2Hの「WHO」に当たる部分。誰が何をやり、部署やチームがどのように動き、命令系統や責任の所在を明らかにするものです。この体制が曖昧のままでは、企画は“絵に描いた餅”になってしまいます。

提案した企画が通って、いざ実務ベースに落とそうとしたら、プロジェクトを進める人がいない。担当者は兼務で考えていたが、どうも無理そうだ。案外、あることなのです。

企画と言うものは、OKが出たからと言って、後は自動的に事が進むものではありません。リスクを理解してコストをかけ、労力を注いで進んでいくものです。しっかりした実行体制があってこそ、練りに練った企画もスムーズに推進していくはずです。

さて、実行体制はどのように書けばいいでしょう。気心が知れた相手へのプレゼンなら、「実行体制」の項目に「誰々……」と名前を書いておけば済むかも知れません。しかし、大切なお客様に説明する場合や、組織として把握したい場合には、もっと分かりやすい表現が求められます。

実行体制を表現するには**「階層図」**が便利です。担当者がわかると同時に、上下関係や指示系統も把握しやすくなります。誰が責任者なのかもひと目でわかります。もう少し簡単にしたいなら、マトリックス表で業務内容と氏名を書きこんでもいいでしょう。シンプルながらメンバー全員を眺めることができます。

結局、実行体制は自分たちの覚悟を示すことであり、相手へ安心感を届けることです。「この人間で責任を持ってプロジェクトを遂行します」と宣言するもの。実行体制を明確にすることで責任が明確になり、プロジェクトに具体性が増すのは間違いありません。

階層図で実行体制が一目瞭然！

季節限定のネット通販立ち上げ企画

リーダー	進行補佐	開発チーム	運営チーム	営業チーム
中路健太	平松芳恵	田代雄介	林田昭義	中山涼介
		百瀬和巳	松尾弘毅	栗林庄司
		峰山一子	川上郁美	大空正浩
		三浦哲二	宮川一雄	

表機能で作ったマトリックス形式の体制表。シンプルで変更もしやすい。隔行で色を付けて読みやすくした。

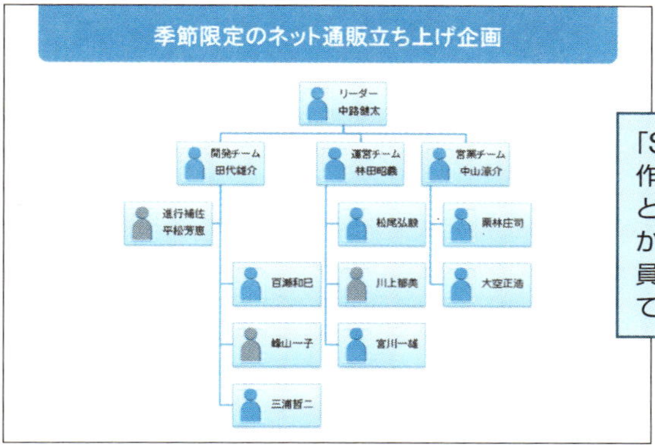
季節限定のネット通販立ち上げ企画
リーダー
中路健太
開発チーム
田代雄介
運営チーム
林田昭義
営業チーム
中山涼介
進行補佐
平松芳恵
松尾弘毅
栗林庄司
百瀬和巳
川上郁美
大空正浩
峰山一子
宮川一雄
三浦哲二

「SmartArt」を使って作った階層図。上下関係と指示系統がひと目で分かる。ピクトグラムで人員構成のイメージを高めてみた。

6-7

【情報】相手にとって新しい情報を入れておく

誰もが知らない情報を提供する

「いまは少子高齢化時代ですから……」「インフレが続き購買力が弱く……」と、誰もが知っている情報を料理メニューの「先付け」ごとく、体よくまとめて説明し出す。また、ページをめくると、「企画背景」によく見るグラフが入っている。すでに知っている情報を使って、「これが大きなポイントで……」と仰々しく言われても興味はわきません。

私たちは人の話を聞くときには、自分に役立つ情報を欲しています。プレゼンやビジネス資料作りでは、「それは知らなかった」と、相手が何らかの**「目新しさ」を感じる情報を提供**する必要があります。

「目新しさ」は、とても重要です。既知のアイデアや発想を包み直して発表するのでは、企画でも提案でもありません。情報に新鮮味、驚き、発見、意外性がなければ、読み手の興味は引けないのです。

例えば、「少子化→子供１人当たりの教育費増加→家庭の課外授業『100m走個人指導』」という企画。ありきたりの少子化データを使うより、「Ａ社学童用シューズ『○○』が販売累計3,000万足突破！」「靴底のソール形状非対称で売上200億円！」といった切り口の方が、「子供の欲求→親の財布のひもが緩む」という裏付けにつながります。

このように独自の視点を導くようなデータを使ったほうが、企画自体に斬新さが感じられ、読み手の期待感が高まります。もちろん、どの部分のデータを見せるかは、内容次第なのは言うまでもありません。

プレゼン時の聴衆や資料の読み手は、「お手並み拝見」と斜に構えながらも「何が出てくるか」と期待を込めて待っています。そこに当たり前のことばかり見せられては、がっかりです。

自分の得意の分野で探し出し、そうでなければ独自の視点で切り取って「新しい情報」にする。相手の関心を引く情報の作り方と見せ方です。

期待感のある情報は自分で作る

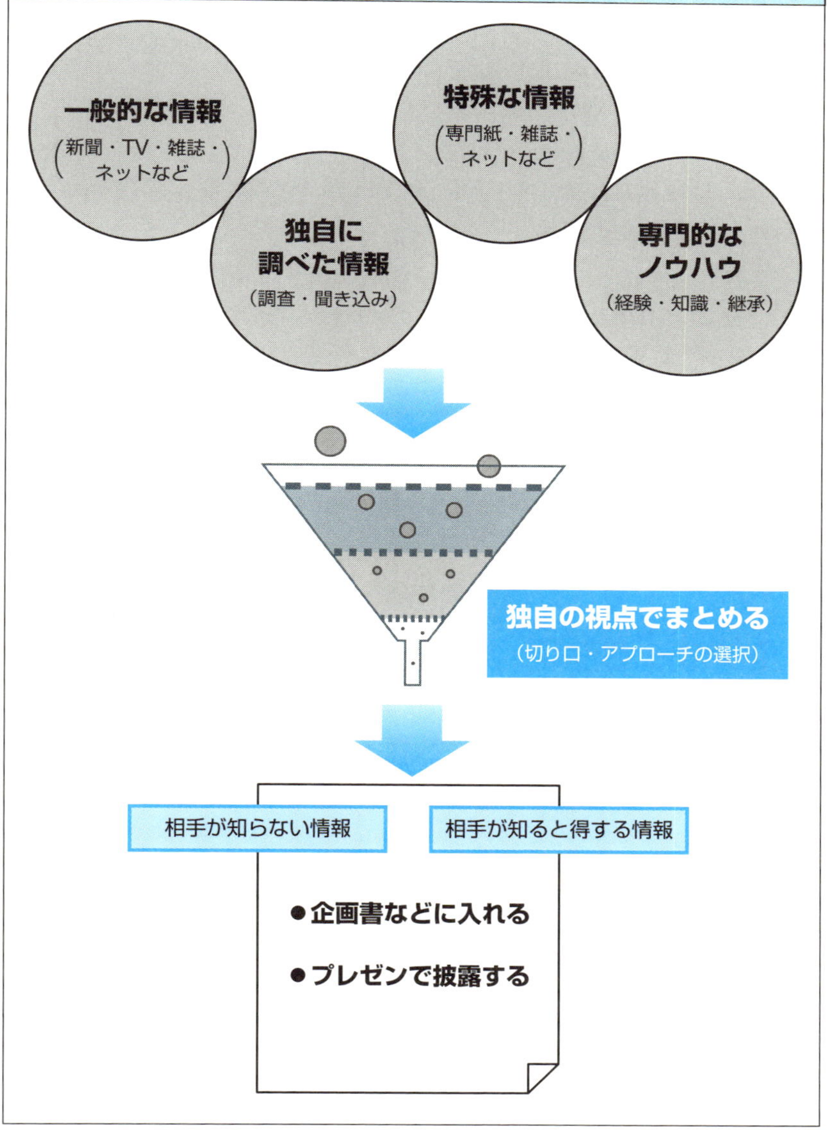
一般的な情報
（新聞・TV・雑誌・ネットなど）
独自に調べた情報
（調査・聞き込み）
特殊な情報
（専門紙・雑誌・ネットなど）
専門的なノウハウ
（経験・知識・継承）
独自の視点でまとめる
（切り口・アプローチの選択）
相手が知らない情報
相手が知ると得する情報
●企画書などに入れる
●プレゼンで披露する

【引用】データの出所をハッキリさせる

6-8 信用できるデータを使う

プレゼンで相手を納得させるには、裏付けとなる「根拠」が必要です。根拠として説得力が高いのは、実際に調査した結果や過去の実例です。女性に聞いた美容に関するアンケート結果を「企画背景」に用いたり、同業他社が先駆けて導入したITの成功例を「効果予測」に書けば、自ずと信頼性が高まります。

相手が欲しいのは、企画の内容とともにそれが確信できる“正確な情報”です。アイデアや構想は主観的であっても構いませんが、**データは「事実」か「客観的な情報」でなければ、企画の根底が崩れてしまいます。**

では、事実と客観的な情報の違いはなんでしょう。事実は、自ら見たり聞いたりしたこと。客観的な情報は、情報の出所や出典が明らかなもの、または事実を知っている人から聞いたことと言い切れます。そして、根拠のはっきりしないものは「推測」に過ぎません。資料を作るときは、事実か客観的な情報のいずれかしか使ってはいけません。

そして、**データの出所や出典を明記することも大事**です。出所先が書かれていない「スマホ購入者の年代別グラフ」を見せられたら、「どこから入手したデータなの？」とツッコミを入れたくなります。出所を明記することは、単なる自分の思い込みや推測でなく、「しっかりした裏付けがあるから、こういう提案をしたんだ」と証明することなのです。また、自分が拾ったデータの根拠を追跡でき、読み手も後で自主的に参照できます。

企画書や提案書に使うデータは、公的機関の発表データや専門調査会社が提供する資料がいいでしょう。一方、WikipediaやTwitter、ブログといった情報は“個人の意見”なので、使用するには注意が必要です。このようなネット情報は、「こんな声がある」という“生の声”として、現状をアピールするのに使う方が効果的です。

情報サイトをうまく活用する

政府統計の総合窓口「e-Stat」は、日本の統計データが閲覧できるポータルサイト。横断的に網羅しており、他の中央省庁のサイトにもリンクしている。

【資料作りに役立つ情報サイト】

政府統計の総合窓口「e-Stat」	http://www.e-stat.go.jp/SG1/estat/eStatTopPortal.do
帝国データバンク	http://www.tdb.co.jp/index.html
富士経済「マーケット情報」	https://www.fuji-keizai.co.jp/market/index.html
レポセン（調査データ掲載サイト）	http://reposen.jp/
マクロミル（公開調査データ掲載サイト）	http://www.macromill.com/r_data/category.html
MMD 研究所（リサーチ情報掲載サイト）	http://mmd.up-date.ne.jp/
ナビリサーチ	http://www.research.nttnavi.co.jp/302m_basic.html
NAVER（情報検索サイト）	http://www.naver.jp/
Microsoft イメージ検索サイト	http://office.microsoft.com/ja-jp/images
BB－WAVE「無料素材・テンプレート」	http://bb-wave.biglobe.ne.jp/ppt/temp_cool.html
テンプレート BANK「ビジネス」	http://www.templatebank.com/index_kikaku.htm
bizocean「書式の王様」	http://www.bizocean.jp/doc/ppt/

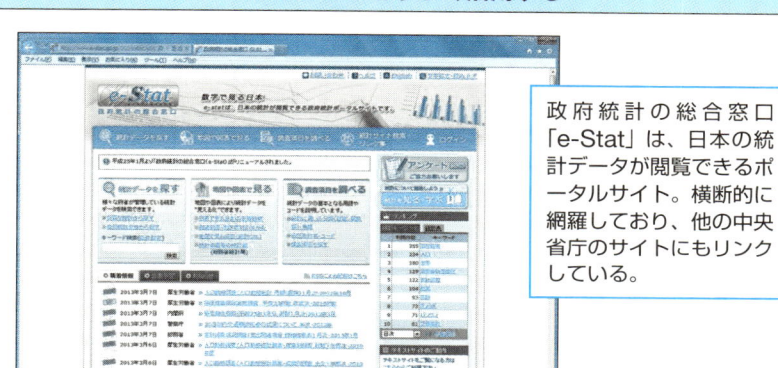

特選オリジナルフォーマット

● 1 枚企画書用

Sample1

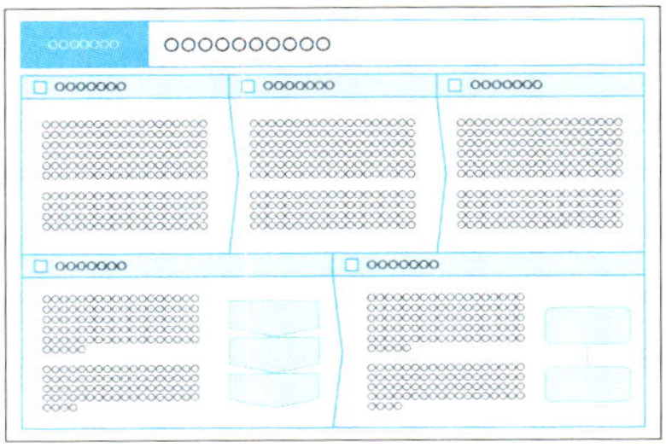

Sample2

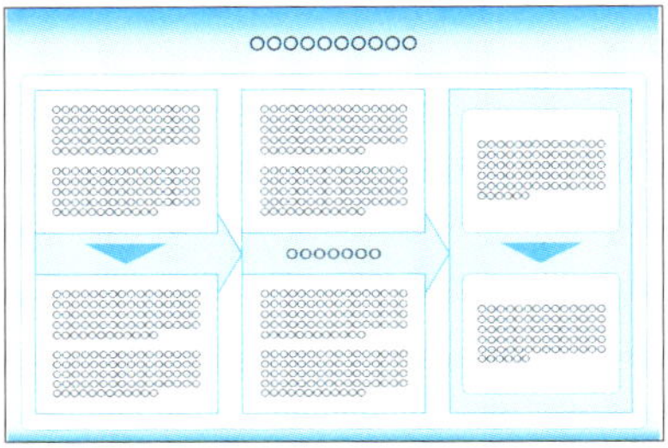

Sample3

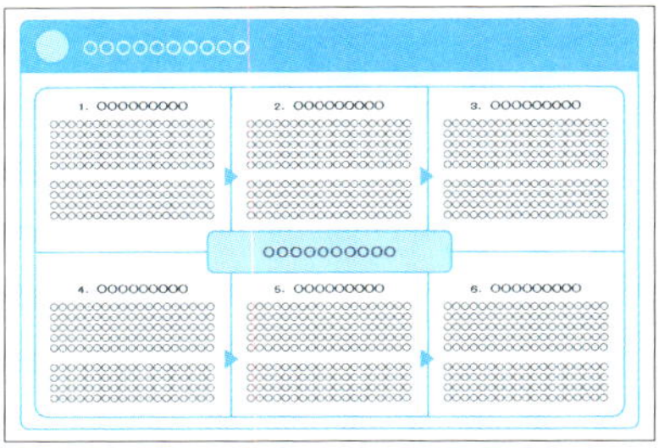

Sample4

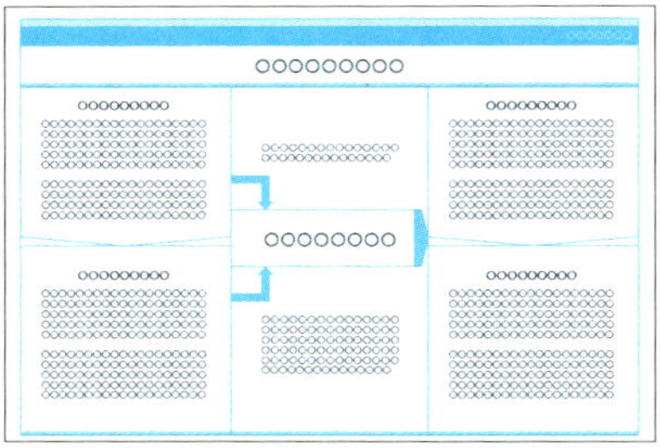

Sample5

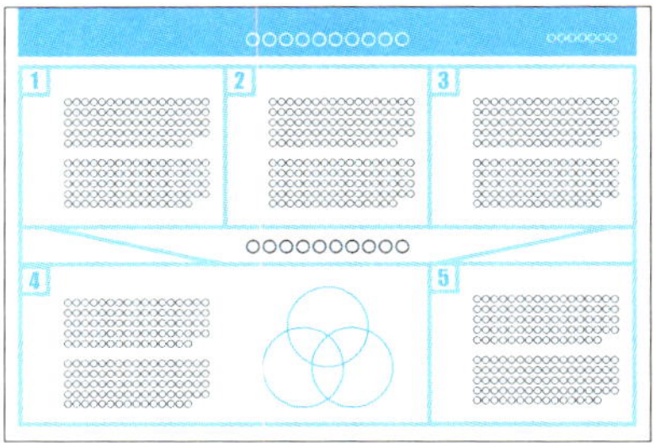

Sample6

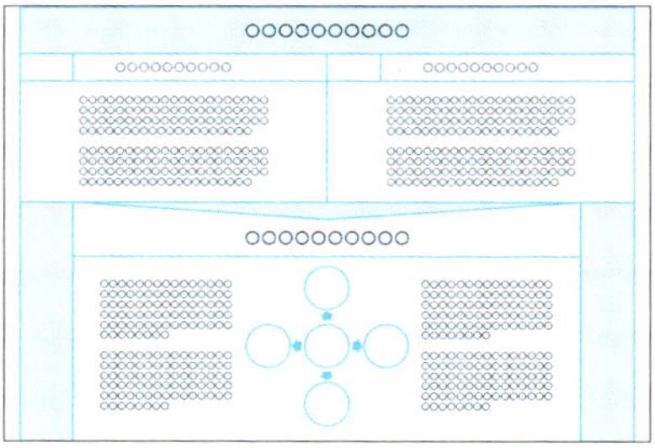

特選オリジナルフォーマット

● 1 枚企画書用

Sample7

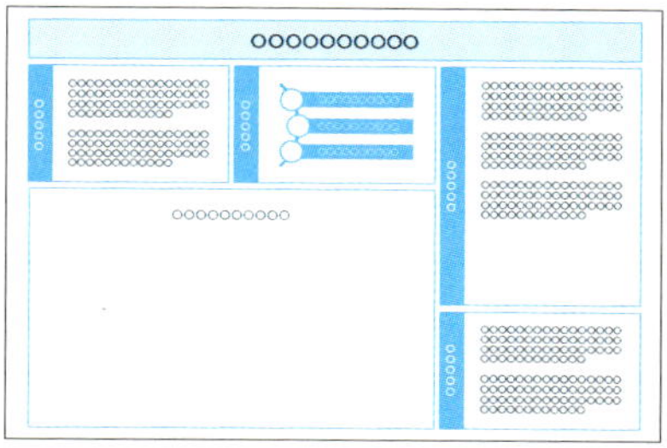

Sample8

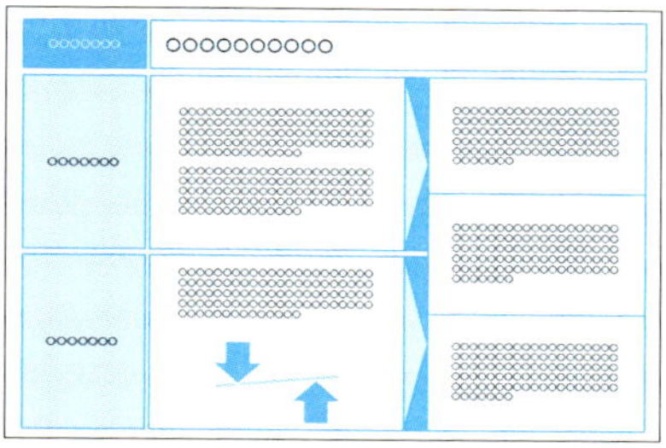

Sample9

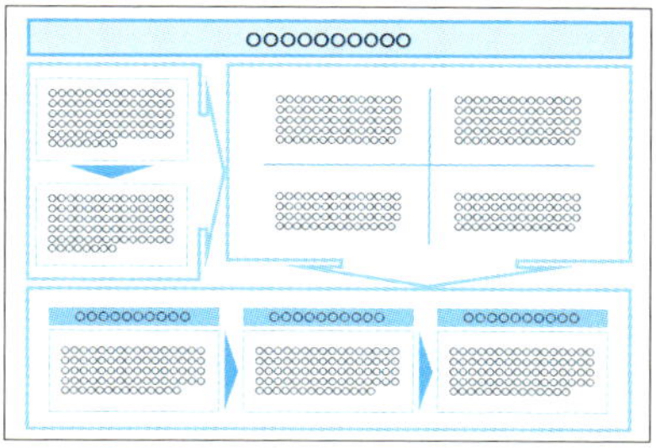

Sample10

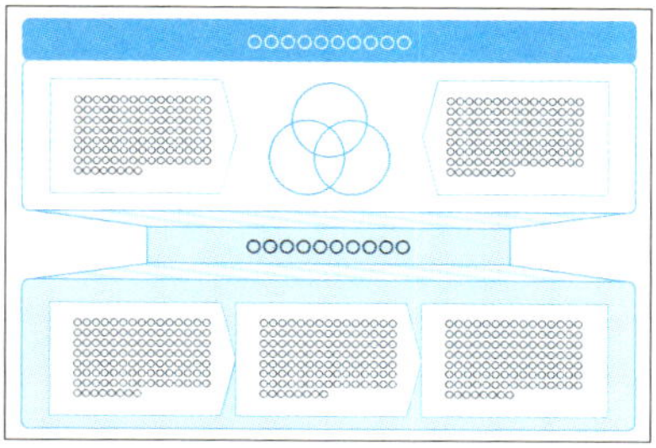

Sample11

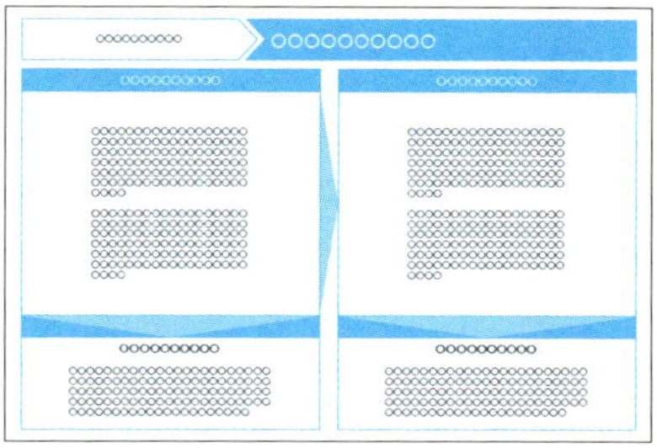

Sample12

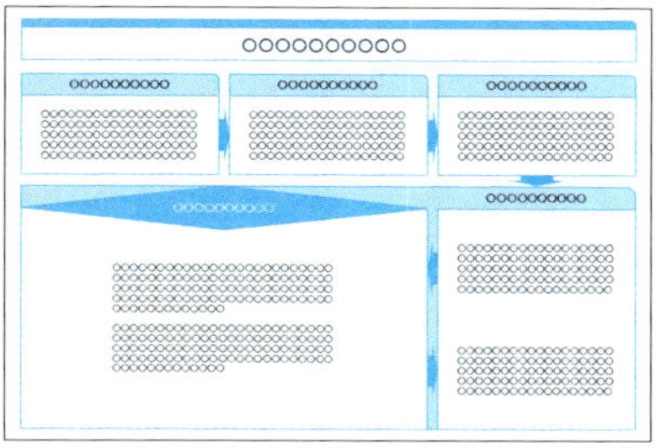

特選オリジナルフォーマット

●ページ企画書用

Sample13

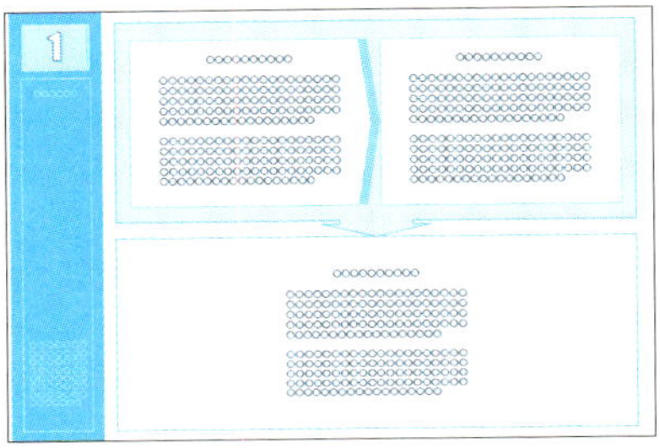

Sample14

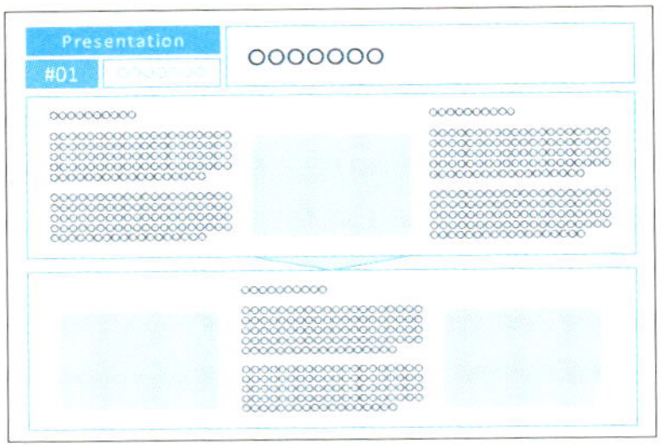

Sample15

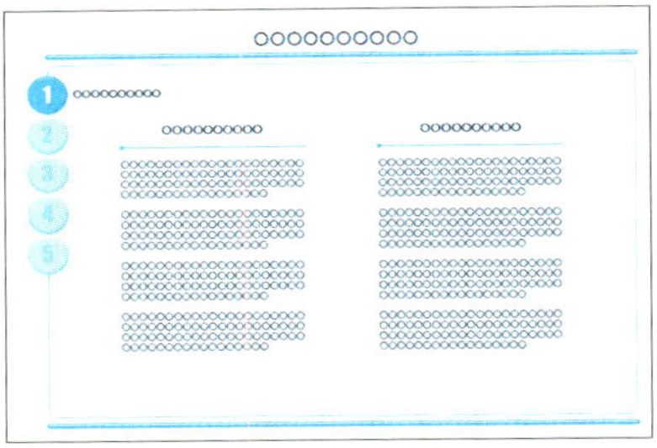

Sample16

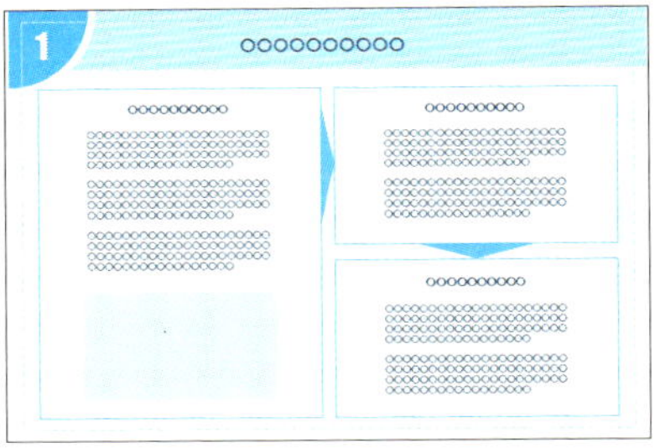

Sample17

Sample18

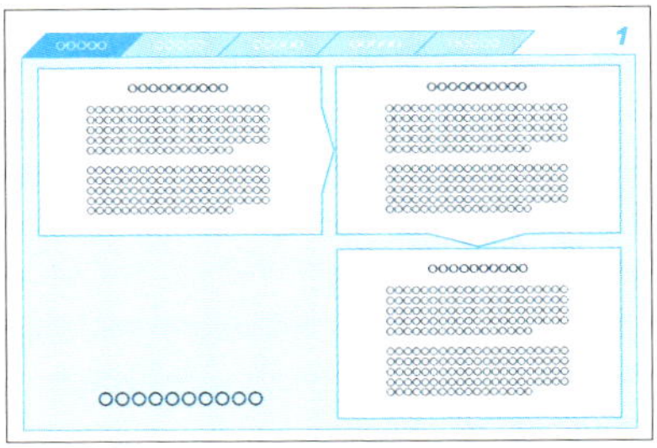

INDEX

渡辺克之（わたなべ・かつゆき）

テクニカルライター。IT関連の書籍を扱う出版社で出版企画と編集実務を経験し、広告代理店で顧客のセールスプロモーション業務に従事した。1996年に独立、執筆と取材、制作業務を中心に幅広く活動中。
『パワポで簡単 企画書＆プレゼンデザイン』（ソーテック社）、『今日から使えるExcel関数＆マクロ』（ソシム）など、PCアプリを仕事に生かす視点から解説した著書を多数執筆。

「伝《つた》わる」「通《とお》る」ビジネス資料作成術《しりょうさくせいじゅつ》

2013年5月7日　　初版発行

著　者　　渡　辺　克　之
発行者　　常　塚　嘉　明
発行所　　株式会社　ぱる出版

〒160-0011　東京都新宿区若葉1-9-16
03(3353)2835－代表　03(3353)2826－FAX
03(3353)3679－編集
振替　東京　00100-3-131586
印刷・製本　（株）ワコープラネット

ISBN978-4-8272-0782-8　C0034